毛泽东

诗词佳话

刘汉民◎著

MAOZEDONG
SHICI
JIAHUA

人民出版社

目　录

鱼在"天井"养不长

毛泽东 13 岁那年，在井湾里私塾读书。先生毛宇居，是毛泽东的堂兄，颇有学问。他见毛泽东很聪明，就让毛泽东读《左传》、《诗经》一类的书，并每次多点一些，要他背诵。同时，毛宇居开始教他学写文章，做诗。

一天，毛宇居要外出，临行前，规定学生在学堂里读书，背书，不得外出，谁违反了是要受惩罚的。毛宇居一走，毛泽东就夹着书包跑到屋后山上去了。他一边背书，一边摘毛栗子；书背熟了，毛栗子也摘了一书包。回到学堂，他给每个同学几颗毛栗子，也孝敬了先生一份。毛宇居回了，很生气，斥责毛泽东说："谁叫你到处乱跑？"

毛泽东说："闷在屋里，头昏脑涨，死背硬读也是空的。"

"放肆！"毛宇居脸涨得通红。

毛泽东说："你叫我背书好了。"毛宇居知道背书是难不倒这个学生的，想了一下，便来到院子中间，指着天井说："我要你做诗：赞井"。

毛泽东围着天井转了两圈，便随口"赞"了起来：

> 天井四方方，周围是高墙。
>
> 清清见卵石，小鱼圈中央。
>
> 只喝井里水，永远养不长。

学生们听了，都不禁拍手叫好；毛宇居却显得很尴尬。毛泽东小小年纪，这么短时间就出口成章，其才思之敏捷，使他惊异。这首诗，见景生情，托物寄兴，使他意识到自己教学的弊端，还似乎觉得诗中隐含着一个很不平凡的思想。"鱼为奔波始化龙"，小小天井怎能养鱼？毛宇居更喜欢这个学生了，向他父亲毛顺生称赞毛泽东读书的天资。

新中国成立初年，毛宇居和毛泽东有书信来往。

1959年6月尾，毛泽东回到韶山时，请了家乡的老人吃饭，其中，就有已经年逾八旬的毛宇居。毛泽东一席一席给老人们敬酒。当他向自己少年时的老师敬酒时，毛宇居高兴而又风趣地说："主席敬酒，岂敢岂敢！"

毛泽东举着酒杯亲切地笑着说："尊老敬贤，应该应该！"

参考资料：

① 萧三:《毛泽东同志的青少年时代和初期革命活动》，中国青年出版社1980年版。

② 赵志超:《少年毛泽东一事》,《文摘周报》1988年1月5日。

负笈求学　写诗明志

1910年夏秋之间，一天，毛泽东来到湘乡唐家坨外婆家，先看望了两位舅舅，就去找表兄文运昌。时文运昌在东山高等小学堂读书，刚回家。文运昌见到毛泽东，很高兴，说："石三伢子，听说你在毛麓钟秀才那里读书，做文章写诗，进展很快。来，写首诗。"毛泽东说："我找你有要事。"文说："写了再说。你看，这院子里的指甲花开得正旺，就以之为题，写一首诗。"毛泽东看看花，想了想，不多一会，便成诗一首：

> 百花皆竞放，指甲独静眠。
>
> 春季叶始生，炎夏花正鲜。
>
> 叶小枝又弱，种类多且妍。
>
> 万草披日出，惟婢傲火天。
>
> 渊明爱逸菊，敦颐好青莲。
>
> 我独爱指甲，取其志更坚。

文运昌说："好诗。你即兴赋诗，借花言志，表现出一种傲视严酷环境的人格意志。"

毛泽东说，他父亲要他去湘潭一家米店当学徒，他不想去。"读了你借给我的《盛世危言》，我深感'天下兴亡，匹夫有责'。我要去你读书的那所学校读书。"文运昌说："好哇！"毛泽东说："可是，你知道的，父亲定下的事，是很难改变的。"文运昌说："是呀，我姑父是有些倔。

怎么办?"他俩商量了好一会,毛泽东便回去了。

一天下午,毛顺生从田间回来,一跨进横屋,就看见很多客人,有玉瑞、玉钦两位舅兄,有内侄文运昌,姨侄王季范,有堂兄毛麓钟,侄子毛宇居,还有一位极少登门的李漱清先生。他连忙说:"稀客!稀客!"拱手示意,心里却在想,离中秋还有几天,怎么一下来这么多客人?大家寒暄了几句,毛泽东就在中间一张大方桌上摆满了酒菜,很丰盛。毛顺生热情地邀客人入席。

两巡酒之后,毛泽东躬身站起,举起酒杯,先向客人们敬酒,接着恭恭敬敬地给父亲斟了一杯酒,说:"请父亲答应我去湘乡读书,请舅舅、伯伯、李先生和几位兄长帮忙说几句好话。"

毛顺生听了儿子的话,一下子不晓得怎样说才好。两位舅兄先发话了,接着,毛麓钟、李漱清也说了,劝毛顺生让毛泽东去读书。毛顺生虽然发家心切,脾气有点执拗,但他很敬重读书断文的人。文玉钦读书多,讲清政府昏暗腐败,列强对中国蚕食鲸吞,赞赏外甥有肩负天下兴亡的志气,说古人尚且有"先天下之忧而忧,后天下之乐而乐"的抱负,应该让毛泽东外出读书,说不定将来能干一番大事业。毛麓钟曾投护国军蔡锷部下,"幕游江南",见多识广,在韶山最有学问,名望甚高。他力主毛泽东继续求学。毛顺生也曾迫于生计,外出当兵两年,有相当见识,觉得他们说得很在理,心中正在权衡。文咏昌见姑父沉吟,就说毛泽东比表兄弟们聪明,还说东山高等小学堂是一所新学堂,开一些新课程,让毛泽东去和自己一块读书,可以相互关照,等等。

毛顺生向大家劝了劝酒说:"我当然希望他能成器,有出息。'万般皆下品,惟有读书高',我不反对他读书。"稍停了停,又说:"外出读书,怕要花很多钱吧。"

王季范一见姨父松了口,马上站起来说:"表弟去湘乡读书的钱,我出了。"他已在长沙的湖南第一师范学校工作,说着,就掏出十块大洋给了毛泽东。

毛顺生决定让儿子走他自己理想的命运之路。

中秋后不几天，毛泽东负笈担囊走出家门了，走出上屋场了，走出韶山冲了。

父亲，母亲，弟弟泽民、泽覃，妹妹泽建，送毛泽东走了一程。

回到家里，母亲还在擦眼边的泪水，父亲却觉得脑子里空荡荡的，走进房间，无意识地翻开桌上的账本，发现有一张纸，上面工整地写着几句话：

> 孩儿立志出乡关，学不成名誓不还。
> 埋骨何须桑梓地，人生无处不青山。

字，他是认得的，内容虽不甚了了，但他意识到儿子此次外出求学，志在不小，至于儿子日后会怎样的出人头地，则是他想象所不能及的。他把这首诗送到了岳家，请两位舅兄给解释……

解放初期征集革命文物时，文家拿出一本秘密珍藏的毛泽东读过的书，书上有毛泽东的名字，书里夹着一张纸，这首诗就写在纸上。当时，毛泽东的表侄文九铭、文秀根以及另一位在大革命时期任过农协委员的同志等好几个人在场，都看到过书和诗。

这是毛泽东写给父亲的一首诗，向父亲表明自己外出求学的志向，抱负。

其实，这首诗，不是毛泽东原作，是毛泽东的改写之作，原作是日本江户时代的名僧月性（1817—1850）所作。月性，号清狂，在周防妙元寺出家，因忧国而周游四方，广交名士。他27岁离开家乡时，写了《东游题壁》一诗，抒发了自己发奋图强的壮志和四海为家的胸怀。诗曰：

> 男儿立志出乡关，学若无成不复还。
> 埋骨何须坟墓地，人间到处有青山。

这首诗很有影响，后被误传为西乡隆盛（1827—1877）所作，其诗是：

> 男儿立志出乡关，学不成名死不还。
>
> 埋骨何须桑梓地，人生无处不青山。

这首诗，当是西乡隆盛改写月性的诗而成。毛泽东的《呈父诗》，很明显，是以西乡隆盛改写的诗为底本改写的，只改了两个字：改"男"为"孩"，改"死"为"誓"。这一改，既恰当地表现出毛泽东写诗给父亲的身份，又很鲜明地抒写了他外出求学的心境。

西乡隆盛这首改作传入我国后，曾打动过我国许多爱国青年的心。不仅毛泽东，还有广西一位比毛泽东大两岁的黄治峰，也曾改写过这首诗，用以明志。黄治峰的改诗是这样的：

> 男儿立志出乡关，报答国家那肯还。
>
> 埋骨岂须桑梓地，人生到处有青山。

这里说明一点，月性写的《东游题壁》和西乡隆盛据以改写的"明志"诗，在日本都被称为"汉诗"。所谓"汉诗"，就是指的我国唐诗。日语本身没有四声、押韵的习惯，日本文人要作"汉诗"，非得要在学唐诗（特别是近体诗）方面下功夫。月性的诗和西乡隆盛的改作，都可以说是"七绝"（七言绝句）。

中国的优良传统文化，哺育了日本的进步青年；日本的优秀诗歌，影响乃至激励了中国的先进青年。这种中日文化交流的佳话，在人类文化发展史上，怕是值得一书吧？

参考资料：

　　① 王以平:《毛泽东求学的故事》，湖南人民出版社 1979 年版。

　　② 刘仁荣:《关于毛泽东的'赠父诗'》,《湖南师院学报》1982 年第 2 期。

　　③ ［日］竹内实:《毛泽东诗词的意境与日本志士的"汉诗"》,第二届毛泽东诗词国际学术研讨会论文。

《咏蛙》气势自非凡

1910年8月的一天，毛泽东挑着行李书籍，走了50多里山路，渡过涟河，来到了湘乡县立高等小学堂。

学堂的招生考试已过了，学生都已入校注册。但学堂的"堂长"李元甫问明了毛泽东的来意后，同意毛泽东考试，并写下了《言志》这个题目给毛泽东，对他说："你先做篇文章看看，再填一张履历表，明天早晨交给我。"

毛泽东大约花了一顿饭的时间，就将文章写好了，托学堂的看门人交给李元甫。

李元甫接过考卷，一口气读完了，连声赞好，并当着几位先生大声诵读起来。先生们听了，也都赞不绝口，认为东山学堂发现了"栋梁材"。本来，湘乡县公办的高等小学堂，是不收外县的学生的。由于李元甫、贺岚光、谭咏春诸位先生的力争，毛泽东被学堂录取，编在戊班。

东山学堂是当时的新式学校，校长李元甫是个维新派。学校里教经书，也教自然科学、英文、音乐等。毛泽东在这里眼界大开，进步很快。他写得一手好文章。学校里每个星期天上午，都由教员出题目，学生做文一篇之后才能休息。毛泽东在一篇作文中写道："青年人应当努力奋斗。星星之火，可以燎原；涓涓之水，可以滔天。"国文教员谭咏春在文稿上批了一段话："视君似身有仙骨，寰观气宇，似黄河之水，一泻千里。"文章一贴出，很多同学竞相阅读，有的还抄下来背诵。毛泽东的文章，差不多都批上了"传观"二字。他写的《言志》、《救国图存论》、《宋襄公论》，受老师们赞赏，为同学们传阅。他成了全校出名的才子。但这学校里的学生，多数是地主家或有钱人家的子弟，穿着都很讲究。毛泽东穿得差，平时总是穿一身破衫裤，土里土气，加之他不是湘乡人，在湘乡籍学生的派别斗争中，他取中立态度，因而，让那些学生看不起，受排挤，精神感到压抑。一天课后，毛泽东写了一首《咏蛙》诗：

独立池塘如虎踞，绿杨树下养精神。

春来我不先开口，那个虫儿敢做声。

这首诗，托物寄兴，借"蛙"传情，对那些衣着华丽入时，胸中全无大志，而又傲气凌人的富家子弟，是嘲讽，是藐视；又表现了少年毛泽东敢为天下先的勇气和卓尔不群的非凡气势。

这首诗为张湘藩所辑，首见于1988年4月10日《中国青年报》。不久，5月22日，《中国青年报》发表了黄飞英的一篇文章，说《咏蛙》的作者不是毛泽东而另有其人。黄在文章中写道：那是在清末，湖北英山名士郑正鹄初授天水县令。当地一些心怀叵测的官吏巨富，见新县令五短身材，其貌不扬，有意要奚落他一番，以杀杀"新官上任三把火"的威势。于是他们就暗地里策划请画工画一幅《青蛙图》，画的是在河边一株大柳树下有一只张口青蛙。后将画送到县衙去，请郑县令题诗。郑正鹄将画卷展开一看，就知画中寓意，遂不假思索，当众挥毫，题了一首七绝《咏蛙》："小小青蛙似虎形，河边大树好遮阴；明春我不先开口，那个虫儿敢做声。"这首诗通俗易懂，但气势不凡，从字里行间迸发出一种咄咄逼人的威慑力，使送画者不禁打了个冷战，只好怏怏告退，再也不敢自讨没趣了。

郑正鹄在天水任上，秉公办事，严惩赃官污吏，革除时弊，开辟新政，深得天水百姓爱戴，成为清末以"廉洁奉公"著称的清官之一。

黄飞英说的这些，有凭有证，是可信的。

那么，毛泽东在写《咏蛙》之前，怎么会读到《英山县志》并熟记了郑诗呢？抑或就是两首《咏蛙》，是诗创作中的一种"同构"现象呢？这里，只好存疑，不敢妄拟。

杨开慧曾说，她是在读了毛泽东很多文章、日记后，了解了毛泽东才爱上他的。毛泽东的这首《咏蛙》，杨开慧是知道的。1928年，毛泽东已经上井冈山了，还有信给她。她带着三个孩子，教孩子们念着这样一首诗：

> 小小三青蛙，弟兄本一家。
> 一朝春雷动，歌声震天涯。

这也可以说是一首《咏蛙》诗，当是受毛泽东的《咏蛙》的启示而做的吧？

参考资料：

① 《毛泽东一九三六年同斯诺的谈话》，人民出版社1979年版。

② 萧三：《毛泽东同志的青少年时代和初期革命活动》，中国青年出版社1980年版。

③ 王以平：《毛泽东求学的故事》，湖南人民出版社1979年版。

④ 周则科：《东台起凤——毛泽东同志少年时期在湘乡东山小学读书的故事》，1979年9月9日《湖南日报》。

⑤ 张湘藩：《毛泽东"咏蛙"诗》，1988年4月10日《中国青年报》。

⑥ 黄飞英：《"咏蛙"诗的作者是谁？》1988年5月22日《中

国青年报》。

⑦　陈冠任:《杨开慧》人民日报出版社 2011 年版。

哀悼早逝同学　抒发报国豪情

　　1915 年 1 月 18 日，日本帝国主义向已攫取了总统职位的袁世凯提出了二十一条要求，到 5 月 7 日，又向袁世凯发出最后通牒，限 48 小时给以答复。这二十一条一旦付诸实施，中国就会沦为日本独占的殖民地，名存实亡了。袁世凯称帝，要得到日本支持，对二十一条基本予以承认。这消息一披露，全国人民无比愤怒，纷纷集会抗议，讨袁。湖南一师校园内反袁情绪十分激昂，师生们集资编印反袁小册子《明耻篇》广为散发。毛泽东在一本《明耻篇》的封面上，奋笔写下了十六字誓词：

　　　　五月七日，民国奇耻。
　　　　何以复仇？在我学子！

　　诗句义正词严，充分表达了作者爱国、反袁的决心。
　　正是在这样的气氛中，一师于 5 月 23 日，为在三月病逝家中的学生易昌陶举行追悼会，师生共送挽诗挽联 256 副。毛泽东写的挽诗是：

　　　　去去思君深，思君君不来。愁杀芳年友，悲叹有馀哀。
　　　　衡阳雁声彻，湘滨春溜回。感物念所欢，踯躅南城隈。
　　　　城隈草萋萋，涔泪侵双题。采采馀孤景，日落衡云西。
　　　　方期沉漾游，零落匪所思。永诀从今始，午夜听鸣鸡。
　　　　鸣鸡一声唱，汗漫东皋上。冉冉望君来，握手珠眶涨。

关山塞骥足，飞飚拂灵帐。我怀郁如焚，放歌倚列嶂。
列嶂青且茜，愿言试长剑。东海有岛夷，北山尽仇怨。
荡涤谁氏子？安得辞浮贱！子期竟早亡，牙琴从此绝。
琴绝最伤情，朱华春不荣。后有千来日，谁与共平生？
望灵荐杯酒，惨淡看铭旌。惆怅中何寄？江天水一泓。

——《毛泽东诗词集》，中央文献出版社1996年版，第155—156页。

同年6月25日，毛泽东将这首诗抄寄给了好友湘生。他在信中说：梁启超"固早慧，观其自述，亦是先业辞章，后治各科。盖文学为百学之原，吾前言诗赋无用，实失言也。足下有志于此乎？…读君诗，调高意厚，非我所能。同学易昌陶君病死，君工诗善画，与弟甚厚，死殊可惜。校中追悼，吾挽以诗，乞为斧正。去去思君深……""又《明耻篇》一本，本校辑发，与中日交涉，颇得其概，阅之终篇，亦可得新知于万一也。"

毛泽东还写了挽易昌陶的对联一副：

胡虏多反复，千里度龙山，腥秽待煎，独令我来何济世；
生死安足论，百年会有没，奇花初苗，特因君去尚非时。

为国家痛失英才，为自己痛失良友，将挽诗中的主题作了更充分、更强烈、更有力的表达。感情沉雄豪阔，思想深刻崇高，造句明快隽永，对仗工稳谐和，是挽联中的上乘之作。

自此，毛泽东对日本更加注意，了解研究，更加深刻，能发人所不见。1916年7月25日。他在致萧子升信中说："思之思之，日人诚我国劲敌！感以纵横万里而屈于三岛，民数号四万万而对此三千万者为之奴，满蒙去而北边动，胡马骎骎入中原，况山东已失，开济之路已为攫去，则入河南矣。二十年内，非一战不足以图存，而国人犹沉酣未觉，注意东事少。愚意吾侪无他事可做，欲完自身以保子孙，只有磨砺以待日本。"《传》有之曰："夫人不言，言必有中。"1937年七七事变，抗日战争全面爆发，毛泽东的预言被证实。古人说："知机其神乎！"时年23岁的毛泽东真神了。

参考资料：

① 《毛泽东早期文稿》，湖南出版社1990年版。

以诗代启事　组织游泳组

　　湖南一师校舍，坐落在湘江之滨。湘江北去，碧波浩荡，岸芷汀兰，锦鳞浮沉，天然的游泳好去处。毛泽东从小爱游泳。他在一师求学期间，1915 年夏，担任校学友会总务兼研究部长时，着手组织游泳组。为了动员同学们参加，他别出心裁地用仿《离骚》语式的诗句，写了一则"游泳启事"，张贴在学校的"揭示处"：

> 铁路之旁兮，水面汪洋；
> 深浅合度兮，生命无妨。
> 凡我同志兮，携手同行（读 huáng）；
> 晚餐之后兮，游泳一场。

　　"启事"贴出之后，同学们纷纷报名，很快就组织成一支百余人的游泳大军。从 5 月到 10 月，这一群人几乎是每天都下水，大家互教互学，不久就都会了。盛夏湘江水涨，浪猛流急，一次，毛泽东试着横渡湘江，力量难支，得几位同学帮助，才化险为夷。用他自己的话说："不是同学的救护，险些'出了洋'。"直到隆冬时节，江水冰寒透骨，游泳队的大多数人不敢下水了，毛泽东和少数意志坚强者仍坚持在江中游泳。他当时还写了一些诗，可惜都失散了，只传下来两句："自信人生二百年，会当水击三千里。"这确属典型的浪漫主义诗句，感情豪迈，壮怀激越，自信乐观，神气十足。

在湖南一师的这段游泳经历，毛泽东感到很惬意，之后回忆起来，也一往情深。1925年10月，他写了《沁园春·长沙》。在这首词的结尾，他深情而豪迈地写道："曾记否，到中流击水，浪遏飞舟？"1958年岁尾，他特地为此加注释："击水：游泳。那时初学，盛夏水涨，几死者数（读 shuò），一群人终于坚持，直到隆冬，犹在江中。当时有一篇诗，都忘记了，只记得两句：自信人生二百年，会当水击三千里。"

参考资料：

① 王以平：《走出韶山冲》，中央党校出版社1993年版。

云麓宫踏雪　朱张渡吟诗

1915年9月上旬，毛泽东用"二十八画生"之名发《征友启事》，张贴于长沙各学校。时在长沙第一联合中学读书的罗章龙见了启事，约与毛泽东在定王台相见。此后，两人经常晤会，有时在城南书院，有时在天心阁，漫步交谈，或交流所学所思，析疑问难，或谈诗论文，相互唱酬；或于星期日作郊游，屈原的故居（玉笥山）、贾太傅祠、岳麓山上的崇德寺（杜甫流浪时曾在此住过）、长沙的飞虎营（辛弃疾在长沙练兵的地方），以及王夫之的家乡等地，他们都一同去过。

是年冬，一个雪天的清晨，毛泽东去约罗章龙游岳麓山。二人八时启行出南门，从朱张渡过湘江。朱张渡因朱熹与张栻而得名。二人均是南宋的著名学者，也是诗人，在长沙讲过学，对湘人学风影响甚大，为当时湖南青年所熟知。毛与罗在朱张渡口茶亭停留下来，讨论朱、张二人在湖南留下的影响。

由朱张渡到自卑亭，二人稍作休息，商议分南北两路登山，即彼此各由凤凰山与天马山登上岳麓山顶的云麓宫，以先到为胜。时大雪封山，层冰嵯峨，禽鸟息鸣，人踪不见，山风过去，裹着冰凌的千树万枝，如玻璃相撞击，铿锵有声，雪软路滑，寒气逼人。走不多远，两人的草鞋底积雪泥一寸多厚，步履维艰，攀登甚难。最后，两人奋勇直上，登至云麓宫最高处。放眼望去，群峰银装素裹，万木玉裹琼装，健鹰盘空，翅掠浮云，诱人遐想。二人傍晚下山，过赫曦台见朱熹与张栻的联句：

> 泛舟长沙渚，振策湘山岑。
>
> 烟云渺变化，宇宙穷高深。
>
> 怀古壮士志，忧时君子心。
>
> 寄言尘中客，莽苍谁能寻？

这首朱、张联句，意境浑厚，情志高尚，曾传诵一时。毛、罗品评诗句，感慨议论，不禁诗兴勃发，当即联句，成诗一首：

> 共泛朱张渡，层冰涨橘汀。
>
> 鸟啼枫径寂，木落翠微冥。
>
> 攀险呼俦侣，盘空识健翎。
>
> 赫曦联韵在，千载德犹馨。

"联句"，过去作诗的方式之一。两人或多人共做一诗，相续成篇，后来习用一人出上句，续者须对成一联，再出上句，轮流相续。《红楼梦》第二十六回描写了林黛玉和史湘云联句的情形。毛泽东与罗章龙在朱张渡联句，应该也是这样的，可惜罗未予注明。

岳麓山踏雪后，寒假期间，毛、罗复相约，徒步远行游南岳衡山。罗旋因母病返里，毛便一人独往。他是特为游览而到衡山的，以审美的眼光看衡山，以诗人的情怀与衡山神会，登上最高峰祝融峰，仰视苍穹，眺望群山，慨然有凌云之思。归途中，至长沙郊区中伙铺写了一封很长的信寄给罗章龙，备述揽七十二峰，孤游历险的经过，信中还附有游南岳的诗。据罗回忆，信是用与《海赋》的格调相似的语体风格写成的，恰是一篇气势恢宏、笔力豪纵的南岳赋，他只记得开头的第一句是："诚大山也"；诗的格调高亢，襟怀广大，足可与唐代僧齐己《登祝融峰》诗的意境相颉颃。

参考资料：

①　罗章龙:《亢斋汗漫游诗话》(三)。

浩歌壮行　　鲲鹏励志

　　1918 年 4 月 14 日，新民学会成立。成立大会在岳麓山刘家台子蔡和森家举行。学会成立后，决定派罗章龙等去日本学习。当时，许多先进的中国人，纷纷走出国门，向西方学习，寻求救国救民之道。而日本维新较早，接受西方科学技术早，且卓有成效。于是许多人便走向日本，探求日本学习西方的经验。当时中国在日本留学的有上万人，其中湖南人就不少。罗章龙在两年以前就给自己取了个日本名字：纵宇一郎，去日本自然是很愿意的。启程那天，新民学会在长沙北门外平浪宫举行聚餐，为罗送行。何叔衡给罗一张纸条，上有四句话："若金发砺，若陶在钧，进德修业，光辉日新。"毛泽东给罗一个信封，说是花了三四个晚上写成的。罗抽出信一看，是一首七言古风，题为《送纵宇一郎东行》：

　　　　云开衡岳积阴止，天马凤凰春树里。
　　　　年少峥嵘屈贾才，山川奇气曾钟此。
　　　　君行吾为发浩歌，鲲鹏击浪从兹始。
　　　　洞庭湖水涨连天，艨艟巨舰直东指。
　　　　无端散出一天愁，幸被东风吹万里。
　　　　丈夫何事足萦怀，要将宇宙看秭米。
　　　　沧海横流安足虑，世事纷纭从君理。
　　　　管却自家身与心，胸中日月常新美。

名世于今五百年，诸公碌碌皆馀子。

平浪宫前友谊多，崇明对马衣带水。

东瀛濯剑有书还，我返自崖君去矣。

——《毛泽东诗词集》，中央文献出版社 1996 年版，第
161—162 页。

浩歌壮行，鲲鹏励志，罗此次东行，实际上是代表新民学会去寻求救亡图存、强国富民之道，因而这首诗对罗勉励良多，期望甚高。

这首诗最早发表在 1979 年《党史研究资料》第 10 期，是由罗章龙在《回忆新民学会（由湖南到北京）》一文中提供的，1986 年人民文学出版社出版的《毛泽东诗词选》收入了这首诗。其中"世事纷纭从君理"的后三字是"何足理"。90 年代初，与罗章龙颇有交往的邓伍文与罗章龙谈及毛泽东的这首七言古风。当时罗已 95 岁，不仅向他逐句背诵全诗，还逐条讲述诗中用典，并说明绝大部分是 90 年前毛泽东向他解释的。接着，罗赠给邓伍文一册《椿园诗草》。邓当即翻阅，发现这首古风中的"何足理"已被改为了"从君理"。邓问何故。罗说，这是恢复原貌。他写回忆新民学会的文章时，觉得自己有负故人厚望，就将诗句改了。后又觉得这一处"微"动，对史对友均无以交代，常存歉意，愿在有生之年将好友之作，恢复原貌，留诸后人。之后，中央文献出版社1996 年出版《毛泽东诗词集》，收入这首诗时，就改"何足理"为"从君理"了。

参考资料：

①　无文:《曾结管鲍情　长忆忘形交——毛泽东与罗章龙的交往及有关存诗》，《百年潮》1999 年第 4 期。

"游学"四方　吟诗答对

　　毛泽东在湖南一师读书时，与萧瑜（子升）过从甚密。他们常在湘江边散步，谈诗论文。湘江两岸风光秀美，引人大发诗兴，一次，毛泽东和萧瑜联句吟诗：

　　　　萧：
　　　　　　晚霭峰间起，
　　　　　　归人江上行。
　　　　　　云流千里远，
　　　　毛：
　　　　　　人对一帆轻。
　　　　　　落日荒林暗，
　　　　萧：
　　　　　　寒钟古寺生。
　　　　　　深林归倦鸟，
　　　　毛：
　　　　　　高阁倚佳人。
　　　　　　……

　　按联句吟诗的惯例，此联句的第一句应为毛泽东所吟。后面的诗句，可惜萧瑜忘记了，毛泽东也没留下有关的文字。

1917 年夏，暑假期间，毛泽东约萧瑜，各带一把伞，伞把上缠条毛巾，脚穿草鞋，从长沙出发，徒步游历，先到宁乡，经安化、益阳、沅江，因涨大水，乘民船回长沙。

他们游历时，身上几乎分文不带，采取旧时代读书人"游学"的办法，解决旅途中的生活问题。遇到机关、学校、商店，他们就作一副对联，用红纸写好送去，人家就给他们饭吃，或打发几个钱，天黑了，就留他们住宿。这也叫"打秋风"。

就这样，他们或览胜景，或谒名寺，或登高山，或涉清溪；或深入农村，询问农民生活，考察人情风土；或拜访学堂，与饱学之士答对论文；有时乘兴赶路，露宿山野；有时临流赋诗，渴饮甘泉。在游历中，他们既了解了社会，襟怀日广；又潇洒拓落，显得相当的浪漫。

一天，毛泽东和萧瑜得知有一位姓刘的老绅士，是清末的翰林，便决定去拜访拜访，解决肚子饥饿的问题。

萧瑜说："润之，刘先生就是我们今天的主人了！……我们最好的办法是写首诗送给他，用象征的语言表示我们拜访他的目的。"

"好主意！"毛泽东表示同意，"让我们想想。第一句可以是'翻山渡水之名郡'。"

萧说："很好。第二句：'竹杖芒鞋谒学尊'。接着下去可写'途见白云如晶海'。"

毛紧接着说："末句是'沾衣晨露浸饿身'。"

这首联句完成后，他们细细地读了几遍。苏东坡有"竹杖芒鞋轻胜马"的诗句，这"竹杖芒鞋"既是他们"乞丐"形象的写照，又显得潇洒脱俗有诗味。王维有赠隐者诗曰："羡君栖隐处，遥望白云端。"第三句暗指刘翰林淡忘官禄在家隐居，再妙不过了。最后一句诗的含义一目了然，暗示拜访刘老先生的目的。他们觉得相当满意，竟由衷地笑了。

他们打开小包裹，萧瑜拿出笔墨和信封，认真地把诗抄下来，并签上他们的真实姓名，在信封上写下"刘翰林亲启"，就朝刘家进发了。

刘家的房子，在绿树掩映的山脚下，房子前面的窗户和柱石都是一色朱红，一道长长的白色围墙如同城墙一般。右侧是进出的大门，大门两旁长有一些挂着红花的大树，围墙前面有一个大水塘，青绿的荷叶，红红的荷花，非常美丽。住宅的油漆门上，嵌着一副红色对联，上联是"照人秋月"，下联是"惠我春风"。他们在门上敲了几下，过了一会，从门缝里看见走来一位短装老人。毛泽东从门缝里把信递进去，说："我们是从省城来的，给刘翰林带来一封信。"那老人接过信，转身走了。过了好一会，他才把门打开，领毛泽东和萧瑜进去。他们来到书房，70多岁的刘翰林见了他们。因为他们是乞丐打扮，刘翰林惊奇地说："你们怎么这样装束？遭什么意外了？请坐请坐。"毛泽东说："没有，我们没有遇上什么麻烦。"毛、萧告诉老人，他们是省城的学生，从长沙来，到宁乡去。刘翰林说："你们的诗很好，书法也不错。"

萧瑜说："我们在学堂里不仅学做诗，还要研究古书呢。"

毛泽东告诉他，自己读过《十三经》、《老子》和《庄子》。

刘翰林非常高兴，问："你们认为《老子》和《庄子》，谁的评注最好？"

萧瑜说："最好的《老子》注是王弼的，最好的《庄子》注是郭象的。"

刘翰林说："非常正确。"

谈了一会，刘翰林起身离开书房。一会，刘来到书房，从宽大的衣袖里拿出一个红包，微笑着递给他们。他们道谢之后即行告辞。他们以最快的速度赶到一个小饭店，饱饱地吃了一顿，花去了 8 枚铜板，还有32 枚。

一天，毛、萧二人沿着一条河慢慢走。河床很宽，白色沙滩上或密或疏地散布着许多圆圆的鹅卵石，一线涓涓流水蜿蜒而过。他们也不知走了多远，渐渐暮色苍茫，一轮皓月东升，月光如水，远山近树，笼罩在银白素雅的月光之中，如淡墨画一般。凉风微拂，人影在地，心空意静，步轻神怡，自在任情，真不知此乐何极。萧瑜说："月明星稀，沙白水净，如此良夜何？"毛泽东说："我们就在此露宿吧！'沙滩为床，瘦石当枕，蓝天作帐，明月为灯'。这如诗一般，岂不妙哉！"萧说："好主意！"毛泽东指着身旁的一棵老树说："这就是衣柜。"他们顺手把包裹、雨伞挂在树上，拣了两块光溜的石头当枕头，便平躺在柔软的沙滩上。不一会，鼾声微作，万籁俱寂，怡然浑然，天人合一，不知远村鸡唱，东方已微露晨曦。

在游历途中，毛泽东吟诗题词甚多，可惜大都失散了。有关史料记下了一首七律，大约是在途中遇上暴风雨后做的，其中缺两句：

> 骤雨东风过远湾，滂然遥接石龙关。
> ……（此处缺两句）
> 野渡苍松横古木，断桥流水动连环。
> 客行此去遵何路？坐眺长亭意转闲。

毛泽东还很会对对子。毛泽东与萧瑜来到安化县。县劝学所所长夏默安，毕业于晚清两湖书院，写有《中华六族同胞考》、《默安诗存》等著作，算得上饱学之士，名气也不小。这位夏先生自恃学富五车，一向不理睬那些来"打秋风"的游学先生。毛泽东两次登门拜访，均遭拒绝。毛泽东第三次前去，夏默安会见了，但为了试试毛泽东的学识才华，出对子让毛泽东对。夏出的上联是：

> 绿杨枝上鸟声声，春到也？春去也？

毛泽东略加思索，马上对出下联：

> 青草池中蛙句句，为公乎？为私乎？

这个对句，典出《晋书·惠帝纪》。晋惠帝在华林园，听见蛤蟆叫声，问左右的人："蛤蟆叫'为官乎，私乎？'"有人应声回答："在官地为官，在私地为私。"夏默安见毛泽东泰然答对，文思敏捷，对句不仅

25

工整，虚实平仄精当，且用典自然，涉笔成趣，可见其学问根底深厚，才华智慧非凡。于是，夏先生一扫倨傲之态，马上客礼相待，与毛泽东谈诗论文，十分投机。临别时，夏送给毛泽东八块银元作旅费。

参考资料：

① 萧三:《毛泽东同志青少年时代和初期革命活动》，中国青年出版社 1980 年版。

② 沉翀:《风骚长留天地间》,《历史大观园》1989 年第 6 期。

③ 萧瑜（子升）:《我和毛泽东的一段曲折经历》，昆仑出版社 1989 年版。

乘兴夜步　即兴填词

　　1918 年三四月间，正是洞庭湖沿岸景色最美的时节。毛泽东和蔡和森一道，沿洞庭湖南岸和东岸，经湘阴、岳阳、平江、浏阳几县，游历了 20 天，进行了社会调查。他们游历至岳阳，登上了岳阳楼。他们朗诵着杜甫的诗："昔闻洞庭水，今上岳阳楼。吴楚东南坼，乾坤日夜浮"，纵览洞庭湖的湖光山色，见烟波浩渺，片片白帆，君山烟笼黛写，在波光中若起若浮，难怪古人将其比作水晶盘里的青螺。他们还读范仲淹的《岳阳楼记》，欣赏镌刻在木板上的《岳阳楼记》的书法艺术，为范仲淹有"先天下之忧而忧，后天下之乐而乐"的襟怀而赞叹。毛泽东说："这'先忧后乐'的思想，较之'吃苦在前，享乐在后'的说法，境界更高了。"蔡和森点头称是。

　　有一天，他们乘兴夜行。一轮皓月当空，好亮好亮啊，把远远近近都照亮了，青山隐隐，绿水迢迢，并没因夜的降临而在人们视线中消失。清清的溪水潺潺，流向青草萋萋的浅滩。多么静，多么美的月夜。夜行人完全沉湎在这景色之中了，走啊，走啊，直到金鸡乱唱渐歇，天色大亮，人语马嘶……

　　毛泽东乘兴填了一首《归自谣》词：

　　　　今宵月，直把天涯都照彻，清光不令青山失。清溪却向青滩泄，鸡声歇，马嘶人语长亭白。

这阕词，最初见臧克家《读〈毛泽东同志手迹三幅〉》（见《中国风》1992 年创刊号）一文中，为《归国谣》。按词谱，应为《归自谣》，见《词谱》卷二第二十八页。（《词谱》，中国书店 1979 年版）。

参考资料：

① 臧克家：《读〈毛泽东同志手迹三幅〉》，《中国风》1992 年创刊号。

访魏都　联句怀古

　　为了组织爱国进步青年赴法国勤工俭学，1918 年 8 月 15 日，毛泽东偕萧子升、李维汉、张昆弟、罗学瓒以及因日本迫害中国留学生未能东渡日本便返回长沙的罗章龙等 24 名青年，在长沙登船，顺湘江北去，过洞庭湖，沿扬子江东下，于 17 日抵汉口。他们舍舟登岸，在汉口大智门乘火车北上，行至河南郾城漯河，适遇大雨，铁路被洪水冲断，不能前行。第二天，他们徒步兼乘车至许昌车站。在许昌滞留的一天多的时间里，毛泽东和大家到许昌附近农村考察了半天，了解北方农村风习与农民生活状况，然后同罗章龙、陈赞周去了距约 30 里的老城，老城是三国时魏的都城。在古代人物中，曹操是毛泽东当时甚为佩服的一位，认为他结束了中国北方分裂战乱的局面，社会得到安定，生产有一定的恢复与发展；曹操的诗文，极为本色，直抒胸臆，豁达通脱，开一带文风。老城还有一些历史的遗迹。书生本色是诗人。毛泽东等三人在这魏都废墟上徘徊了好久，临风遥想，谈史论文，一道吟诵曹操的《短歌行》："齐桓之功，为霸之首；九合诸侯，一匡天下。""对酒当歌，人生几何？……慨当以慷，忧思难忘。"还背诵曹操《让县自明本志令》一文。他们观眼前景物，遥想曹操当年，抚今追昔，萧条异代，不胜沧桑，感慨不已，个个抒怀成章，还联句《过魏都》一首：

　　　　　　　横槊赋诗意飞扬，（罗章龙）
　　　　　　　自明本志好文章。（毛泽东）

萧条异代西田墓，（毛泽东）

铜雀荒沦落夕阳。（罗章龙）

至于毛泽东个人写的诗，可惜遗失了。

参考资料：

①　沈世昌、沈长胜:《毛泽东凭吊魏都史考与浅析》,《毛泽东思想研究》1944 年第 4 期。

思念杨开慧　夜起数寒星

　　1921年春末，毛泽东与易礼容、陈书农到沿洞庭湖的岳阳、华容、南县、常德、湘阴等地，考察学校教育，进行社会调查，沿途写了通信寄给湖南《通俗报》。时任《通俗报》主编的谢觉哉后来回忆说：同毛泽东第一次见面之后，"不见毛泽东同志来报馆，却接到他自湖滨各县寄来的通信。好优美的文章！是我从未见过的。我总是把它刊在报上的显著地位。"谢觉哉还说，毛泽东到岳阳写过一篇文章，写得特别调皮，说那个县的女子学校教员都是有胡子的人，文章写了一句讽刺的话："胡子之作用大矣哉！"可惜毛泽东写的这些"好优美的文章"，如今是遍寻不着。

　　一天晚上，毛泽东整理好白天考察所作的笔记，写了寄给《通俗报》的通信，夜已很深了。他吹熄灯，宽衣上床，想起新婚的妻子杨开慧，怎么也睡不着，杨开慧那温馨的笑靥，娇好的身影，似乎总在眼前晃动，似乎从1913年秋他与杨开慧相识起，到这次与杨开慧新婚暂别止，其间，他所见到、所感受到的杨开慧的形象，全汇聚到脑海里来了。这个形象，有淡写，有细描，有特写，有全真，是如此的富于青春朝气，如此之美，如此温婉娴静，如此有才有识。这个形象与他相处的许多往事、情节、场面、镜头，都涌到眼前，像现代意识流小说似的，在脑屏上晃动，映现。"晓来百念都灰烬"，脑子里只有杨开慧，别的什么都没有了。要入睡是不可能的。他只好披衣起床，来到门外，仰望天空，用手指指点点，数那颗颗寒星。这时，农历三月下旬的一钩残月已升起一会儿了，慢慢向西移动。见此情景，毛泽东似乎联想到苏东坡的诗句："人有悲欢离合，月有阴晴圆缺"，面对残月，自己与新婚的妻子不在一起，不由得要落泪了。情感冲动，诗兴蔚起，便回到屋内去写诗。他展纸握笔，凝神运思，忽地想起向杨开慧求婚的那首词来。他轻声念着："对来枕上愁何状……"，念着念着，他觉得与那时对杨开慧的想念差不多，如果稍加改改，一定能恰当地抒发今夜的感受。于是，他哼着，改着，渐渐地，一首《虞美人》写成了：

堆来枕上愁何状？江海翻波浪。夜长天色总难明，寂寞披衣起坐数寒星。晓来百念都灰尽，剩有离人影。一钩残月向西流，对此不抛眼泪也无由。

——《毛泽东诗词集》，中央文献出版社 1996 年版，第 166 页。

他反复看了看，觉得有了"剩有离人影"这句，整首词就将今夜思念杨开慧的情感、心态，写出来了。他提笔在词牌《虞美人》之下，写了个题目：枕上。

参考资料：

① 《毛泽东年谱》上卷，人民出版社、中央文献出版社 1993 年版。

算人间知己吾和汝

1. 抄赠唐人诗，引起误会

毛泽东与杨开慧 1920 年冬结婚，至 1923 年 6 月，他们基本上在一起，生活、工作、斗争，相行相随，相互关心。1923 年 6 月，毛泽东调上海党中央工作，杨开慧留清水塘。在近半年时间里，毛泽东虽也偶尔回长沙，也是因工作需要，至多只是与杨开慧会会面而已。这时，杨开慧已是一位年轻的母亲了，大儿子岸英刚学走路，加之又有了几个月身孕。她想工作，她更想丈夫给她一些爱抚与关怀，想丈夫更多一些关爱孩子。丈夫回家了，杨开慧自然特别高兴，对丈夫说得多的是孩子，并多少流露出希望丈夫多关心家庭与孩子的情感与语言。但在毛泽东，他已是一位坚定的马克思主义者，一位完全献身于中国人民革命事业的革命家。他虽然爱妻子，爱儿子，但又必须"为江海客"，"先天下之忧而忧"，不能"为昵昵儿女语"，对妻子、儿子的关怀、爱抚，只好放在革命工作环境所能容许的限度之内了。对杨开慧，他除了安慰，劝她做好独自挑起持家、育子重担的思想准备，甚至劝她争取参加社会革命斗争。为此，他手书了唐代诗人元稹《菟丝》给妻子。诗曰：

> 人生莫依倚，依倚事不成。
>
> 君看菟丝蔓，依倚榛与荆。

下有狐兔穴，奔走亦纵横。

樵童砍将去，柔蔓与之并。

不料，杨开慧看了很生气，认为丈夫怀疑她人格的独立性，伤害了她的自尊心，任毛泽东怎么解释都不听。一气之下，她带着孩子回到了板仓杨家。

2.东门路上，两情依依

1923 年 12 月下旬，毛泽东离开长沙去上海，准备赴广州参加国民党一大，离开长沙前，毛泽东到板仓看望开慧母子。这时，岸英已开始走步了，岸青才满月不几天。毛泽东抱着小岸青，笑着问开慧好。开慧气早消了，笑着迎候丈夫。她刚回板仓还有点气，很快就转过弯了。她是在读了毛泽东许多文章、诗之后才理解毛泽东的，她是在读了毛泽东给她许多信表示对她真爱，她才完全接受他的爱的，真正爱上他的。她说："自从我完全了解了他对我的真意，从此我有一个心意是，我觉得我为母亲而生之外，是为他而生的。我想象着……假如他被人捉去杀，我一定要同他去共这一个运命！"她知道毛泽东是一个非常奇特的男子，"蛟龙得云雨，终非池中物"，他是一个干大事的人，是为祖国谋独立，民族谋解放，人民谋幸福的人。他不可能也不会花较多的时间在家里陪妻子与孩子。她理解了丈夫写给她《菟丝》诗的良苦用心。当毛泽东乘机再次向她就写元稹诗作解释时，她忙说："对不起，误解你了。"毛泽东是理解妻子的。这时，他向杨开慧介绍中共第三次全国代表大会的情形，说自己此次到板仓，是特意看望她母子的，马上要去广州，去帮助孙中山改组国民党，筹备召开国民党第一次全国代表大会。他还激情地向开慧展望国共合作后的革命前景，并表示，不要多久，他一定将开慧母子接到身边，与开慧一起投身革命，迎接革命的高潮。

杨开慧高高兴兴地和毛泽东带着孩子回到清水塘。

一天凌晨，毛泽东去长沙火车站，杨开慧送行。清水塘池水清浅，半天残月，数点寒星，严霜满地。东门路上，毛泽东握着杨开慧的手，杨开慧则紧依着毛泽东。四周特别寂静，清冷清冷的。他们轻轻诉说着，慢慢走着，一个满怀酸楚，一个满脸眷恋，正所谓雨过天晴，阳光灿烂；误会消除，感情更好。他们依依惜别已有几次了，而这一次却显得特别地难舍难分。为了中国革命，为了他们的孩子，难舍，还得舍；难分，还得分。尽管一个"热泪欲零"，一个"肠已断"，但"汽笛一声"，一个随火车南去，一个在月台上举手劳劳……

旭日临窗，火车疾驰，毛泽东的脑屏上还映现着刚才惜别的情景。他回味着，思念着，渐渐，他细细哼吟着，一阕《贺新郎》词诞生了：

> 挥手从兹去，更哪堪凄然相向，苦情重诉。眼角眉梢都是恨，热泪欲零还住。知误会前番书语。过眼滔滔云共雾，算人间知己吾和汝。人有病，天知否？ 今朝霜重东门路，照横塘半天残月，凄清如许。汽笛一声肠已断，从此天涯孤旅。凭割断愁丝恨缕。要似昆仑崩绝壁，又恰像台风扫寰宇。重比翼，和云翥。

——《毛泽东诗词集》，中央文献出版社 1996 年版，第 1—2 页。

1924 年 1 月 20 日至 30 日，毛泽东作为湖南国民党地方组织的代表，出席了在广州召开的国民党第一次全国代表大会。据说，由孙中山提名，毛泽东被选为国民党中央执行委员会候补委员。二月中旬，毛泽东到上海，参加国民党上海执行部工作，任秘书。5 月 10 日至 15 日，毛泽东出席在上海召开的中共中央执行委员会议。去年 6 月中共"三大"后，他任中央局秘书，这时又兼任中央组织部部长。六月初，杨开慧同母亲携儿子岸英、岸青，从长沙来到上海，与毛泽东团聚。一家人住三曾里的"三户楼"，这里是当年中共中央局办公的地方。一段时间后，他们搬到英租界幕尔鸣路甲秀里（今威海路五八三弄）。"重比翼，和云翥"，毛泽东和杨开慧在一起为中国革命而共同奋斗了。

3. 数次书写，终未定稿

1927年9月1日，毛泽东由长沙护送杨开慧回到板仓。第二天，刚拂晓，他便悄悄起床，换上一身农民装，轻轻地出了门，床头留下一封信，信中说："我亲爱的霞，我去了，不管去多远，有多久，我总是要回来的，我们不久就会团聚的。要坚信这两句话：前途是光明的，道路是曲折的。大家团结努力，革命一定会成功！润芝留笔。"下面抄录了1923年底写的那首《贺新郎》词。杨开慧醒来，看完信和词，急忙追到后山，怎么也没见毛泽东的踪影。他们这次竟成永诀。毛泽东这次写的信和词的手稿，未能保留下来。

1936年11月，丁玲到陕北保安，受到热烈欢迎，不久到延安。丁玲曾在长沙福湘女子中学（当时丁玲名蒋玮）与杨开慧同学，因一同闹学潮被学校开除，又一同冲破男女生不同校的封建陈规，投考长沙岳云男校，同被录取就读。当时影响很大。大约因了这层关系，丁玲常去看望毛泽东。后来，到了20世纪80年代初，丁玲回忆说：

> 我很钦佩毛主席的旧学渊博。他常常带着非常欣赏的情趣谈李白，谈李商隐，谈韩愈，谈宋词，谈小说则是《红楼梦》。……他同我谈话，有几次都是一边谈，一边用毛笔随手抄几首他自己作的词，或者他喜欢的词，有的随抄随丢，有几首却给了我，至今还在我这里。他把《娄山关》那首抄给我时，还问我印象怎么样？我虽觉写得雄伟有力，却一下说不清，只说："苍山如海，残阳如血"是一幅多么好的图画啊！

丁玲这里说的有几首给了她的词，其中就有1923年底写的那首《贺新郎》，即《中国风》创刊号发表的《毛泽东同志手迹三幅》中的《贺新凉》（《贺新郎》的别名）。原文是：

挥手从兹去，更那堪凄然相向，惨然无绪。眼角眉梢都是恨，热泪欲零还住。知误会前番书语。过眼滔滔云共雾，算人间知己吾和汝。曾不记：倚楼处？　　今朝霜重东门路，照横塘半天残月，凄清如许。汽笛一声肠已断，从此天涯孤旅。凭割断愁丝恨缕。我自精禽填恨海，愿君为翠鸟巢珠树。重感慨，泪如雨。

　　1961 年，毛泽东在中南海书房书赠副卫士长张仙鹏两首词，一是《虞美人·枕上》，一是《贺新郎·别友》，并说："这两首词还没有发表，由你保存。"这个交张仙鹏保存的《贺新郎·别友》在诗语上又有所不同。如上片的第三句是"满怀酸楚"，第六句最后两字是"诗句"，第九、十句是"重感慨，泪如雨"，下片的后四句是"我自欲为江海客，再不为呢呢儿女语。山欲堕，云横翥"。（"呢呢"系"昵昵"笔误）此外，毛泽东在自己保留的这一稿本的手迹上，又作了修改。将"诗句"改回为"书语"，将"重感慨，泪如雨"改为"人有病，天知否"，将"再不为呢呢儿女语"改为"愧不作人间小儿女"，将"山欲堕"改为"天欲堕"，后划去"满怀酸楚"，改为"苦情重诉"，划去"我自欲为江海客，愧不作人间小儿女。天欲堕，云横翥"，改为"要似昆仑奔绝壁，又恰像台风扫寰宇。重比翼，和云翥"。在这个改本上，有三处笔误："眼梢"、"前翻"、"环宇"。

　　由此可见，尽管毛泽东对《贺新郎·别友》这阕词非常在意，再三书写，多次修改，但在生前并没有作最后定稿。《毛泽东诗词集》收毛泽东诗词 67 首，分正副两编。凡毛泽东生前亲自定稿的作品，收入正编。《贺新郎·别友》一词毛泽东生前虽未定稿，但经中央同意，此词于 1978 年 9 月正式发表，因而收在正编中，居第一。

　　现将《毛泽东诗词集》中的《贺新郎·别友》抄如下：

挥手从兹去，更那堪凄然相向，苦情重诉。眼角眉梢都是恨，热泪欲零还住。知误会前番书语。过眼滔滔云共雾，算人间知己吾和汝。人有病，天知否？　　今朝霜重东门路，照横塘半天残月，凄清如许。汽笛一声肠已断，从此天涯孤旅。凭割断愁丝恨缕。要似昆仑崩绝壁，又恰像台风扫寰宇。重比翼，和云翥。

《毛泽东诗词集》，中央文献研究室编，1996 年 9 月出版。编者说："本词最近发现作者有一件手迹，标题为《别友》。这首词是作者写给夫人杨开慧的。"

参考资料：

① 谢枊青:《毛泽东的亲情·乡情·友情》，辽宁大学出版社 1992 年版。

② 《毛泽东年谱》上卷，人民出版社、中央文献出版社 1993 年版。

③ 季世昌:《毛泽东诗词书法艺术》上，中央文献出版社 2007 年版。

④ 陈冠任、冯宏光:《告诉你一个鲜为人知的杨开慧》，中共党史出版 2004 年版。

⑤ 丁玲:《延安文艺座谈会的前前后后》，《新文学史料》1987 年第 2 期。

⑥ 王中杰、邵华:《情系骄杨》，海南出版社 1993 年版。

⑦ 《毛泽东诗词集》，中央文献出版社 1996 年版，第 3 页。

重游橘子洲　慷慨赋新词

　　1925年6月6日，毛泽东与杨开慧携儿子岸英、岸青，回到了韶山冲。

　　多么熟悉的山山水水，多么熟悉的父老乡亲！毛泽东一回到自己的出生地，精神为之一爽。杨开慧是第一次到韶山，这里的一切她都感到新鲜，令她欣喜。毛泽东是请病假回家乡的。经过一段时间疗养，毛泽东的健康状况大有好转，神经衰弱症状基本解除，只是肺部的病还需服药治疗。但是，韶山冲贫苦农民忍饥受冻的生活状况，要发动农民起来为翻身解放而奋斗的使命感，为解决工人阶级的同盟军问题的深思，使得毛泽东无论如何也闲静不了。他要进一步了解农村，他要把农民组织起来。他首先办起了农民夜校，让毛福轩、钟志申等组织农民入学，让杨开慧主持夜校工作，很快就在韶山进一步组织秘密农民协会小组。毛泽东在韶山发展了第一批党员，建立了韶山第一个党支部。他还指导以秘密农民协会为中心建立"雪耻会"。

　　农民发动起来了，就要为改变自己受苦受难的命运而奋斗，就要向农村的封建势力、地主豪绅进行抗争。地主豪绅们惊恐万状，请求军阀赵恒惕镇压，赵立即下令逮捕毛泽东。在农民的掩护下，毛泽东安然脱险，从韶山到宁乡，从宁乡乘船顺湘江北去，于8月底来到长沙。赵恒惕怎么也想不到，毛泽东竟然来到他的眼皮底下了。

　　一个秋高气爽的日子，毛泽东重游了岳麓山、橘子洲。他站在橘子洲头，望岳麓诸峰，枫林红遍，湘江碧涛，片片征帆，仰视苍鹰盘空，

39

俯视锦鳞游泳……这一切，对他来说，是多么熟悉啊，给他留下了许多富于诗情的回忆！今天，他面对这壮丽的景色，置身于充满生机的山川，既心旷神怡、豪情满怀，又感物起兴，浮想联翩，眼前的景物与往日的情景相叠映，近来的斗争与深沉的思索相交汇，不禁诗情蔚然，沉吟密咏，遂成词一章，题曰《沁园春·长沙》：

> 独立寒秋，湘江北去，橘子洲头。看万山红遍，层林尽染；漫江碧透，百舸争流。鹰击长空，鱼翔浅底，万类霜天竞自由。怅寥廓，问苍茫大地，谁主沉浮？　携来百侣曾游，忆往昔峥嵘岁月稠。恰同学少年，风华正茂；书生意气，挥斥方遒。指点江山，激扬文字，粪土当年万户侯。曾记否，到中流击水，浪遏飞舟？

——《毛泽东诗词集》中央文献出版社1996年版，第6—7页。

诗人自己后来说，"怅寥廓"三句，"是指：在北伐战争以前，军阀割据统治，中国的命运究竟由哪一个阶级做主？"

参考资料：

① 金冲及主编:《毛泽东传》（1893——1949），中央文献出版社1996年版。

黄鹤楼上　心潮逐浪高

1927 年 4 月 12 日，蒋介石在上海发动了反革命政变，不几天，便在南京成立了一个国民政府。武汉的汪精卫也在图谋反共。宁汉即将合流。毛泽东敏锐地观察到，危险的征兆日渐增多，而党内以陈独秀为代表的一些人，还有苏联顾问鲍罗廷，对此毫无察觉，主张对国民党妥协。毛泽东深感失望，但又无力改变党内的现状，一时不知如何是好，心情苍凉，压抑。

一天，武昌都府堤 41 号，后院。毛泽东低头踱步，沉思。杨开慧来到后院，走到他身边，静静地看着他。

毛泽东说："让步，妥协，我们付出的代价是血染长江。"

杨开慧低声地说："润之，我陪你出去走走好吗？"

毛泽东看了开慧一下，点点头。

云雾沉沉，细雨蒙蒙。他们来到蛇山，上了黄鹤楼。

黄鹤楼，始建于三国孙吴黄武二年（233 年），在蛇山的北端，临江耸立，自隋唐起即成为一旅游胜景，迁客骚人，多到此登临送目，遥吟俯唱，逸兴遄飞，留有不少名作佳话，流传至今。清光绪十年（1885年）黄鹤楼毁于一场大火，只剩有一个铜顶。1907 年，在黄鹤楼旧址附近建了一座楼阁，名奥略楼。后来，人们就将此楼当黄鹤楼了，1954年因建长江大桥拆除。现黄鹤楼是 1985 年重建的。

黄鹤楼上，毛泽东极目远眺，烟雨蒙蒙，楚野莽苍，平汉路贯穿南北，浩浩大江东去，龟蛇二山夹江对峙，一时间，古代文人墨客登黄鹤楼的吟咏，似乎在耳边响起；严峻的现实危机，像一团愁云萦绕在心头。"忧从中来，不可断绝"，思绪如江涛起伏，诗兴难抑，毛泽东不禁举酒临风，倾杯长江，用他那特有韵味的湘腔，抑扬顿挫地吟诵出《菩萨蛮·黄鹤楼》：

> 茫茫九派流中国，沉沉一线穿南北。烟雨莽苍苍，龟蛇锁大江。　黄鹤知何去？剩有游人处。把酒酹滔滔，心潮逐浪高。

——《毛泽东诗词集》，中央文献出版社 1996 年版，第 10 页。

与毛泽东并肩站着的杨开慧听了，说："润之，这首词真好，前几句太苍凉了，后几句一变而显得昂扬，我听了心绪也难平。"

毛泽东说："目前武汉的这个局势，叫人心绪怎么静得下来！不过，我想，办法总是会有的。"

后来，作者在给这阕词作注时说："1927 年，大革命失败的前夕，心情苍凉，一时不知如何是好，这是那年的春季。夏季，8 月 7 日，党的紧急会议，决定武装反击，从此找到了出路。"

参考资料：

① 王中杰、邵华：《情系骄杨》海南出版社 1993 年版。
② 莫元钦：《毛泽东一家在武汉》，武汉大学出版社 1992 年版。

暴动中的诗　诗鼓舞暴动

1927 年 8 月 30 日，中共湖南省委常委开会，讨论湖南秋收暴动的最后计划。会议决定成立前敌委员会，由毛泽东任书记，负责将修水、铜鼓、安源的武装力量编成工农革命军第一师，任师长。毛泽东星夜从长沙出发，前往湘赣边界的安源、铜鼓地区，准备组织起义。他提出，我们不应该再打出国民党的旗子，应高高打出共产党的旗子。

9 月 9 日，在毛泽东、卢德铭率领下，湘赣边界秋收起义爆发了。

"暴动，打倒国民政府！"

"暴动，农民夺取土地！"

"暴动，组织革命委员会！"

暴动的口号山鸣谷应，革命的怒潮汹涌澎湃。起义队伍高擎革命大旗，向国民党反动派和地主豪绅阶级，展开了英勇顽强、气吞山河的斗争。

暴动发生，有一首鼓舞人心、热情歌颂秋收起义的《西江月》词。词曰：

> 军叫工农革命，旗号镰刀斧头，匡庐一带不停留，便向潇湘直进。　　地主重重压迫，农民个个同仇。秋收时节暮云沉，霹雳一声暴动。

——《毛泽东诗词集》，中央文献出版社 1996 年版，第 168 页。

这首词的作者是毛泽东。词中的"匡庐""潇湘",原为"修铜""平浏",1986 年人民文学出版社出版《毛泽东诗词选》,根据作者修改稿改"修铜"为"匡庐",改"平浏"为"潇湘"。

参考资料:

① 何长工:《何长工回忆录》,解放军出版社 1987 年版。

一阕"有'山大王'气概"的词

1928 年 8 月，湘赣两省敌人探知井冈山空虚，联手调集四个团，从北面朝井冈山涌来。留守井冈山的三十一团一营的两个连，扼守井冈山五大哨口中最险要的哨口之一黄洋界。

黄洋界是井冈山群峰的北高峰，海拔 1340 多米。山峰似剑，绝壁如削，一边是千仞高山，一边是万丈深谷，山路极窄，弯弯曲曲，最陡的地方，像从空中挂上的一架索梯，要扶岩攀树才能上下。山头常有浓雾弥漫，卷起层层惊涛，犹如一片汪洋，所以又有"望洋冈"之称。它是井冈山的北大门，守住它，敌人就无法从北面窜上井冈山。

8 月 30 日，湘军三个团向黄洋界发起了进攻。在狭窄险陡的羊肠小道上，敌兵只能单个地鱼贯而进。他们边走边放枪，快接近哨口，红军守山指挥员一声令下，滚木礌石临空盖脑而下，打得敌人纷纷向山下跳。红军战士抬来一架迫击炮，三法炮弹有两发是哑的，只一发炮弹，轰隆一声巨响，正中敌军指挥所，敌军以为朱毛红军主力回井冈山了，连夜逃走。

毛泽东在迎接朱德、陈毅的部队由湘南返井冈山途中，得知黄洋界保卫战胜利的喜讯，豪情难抑，挥笔写下《西江月·井冈山》词：

山下旌旗在望，山头鼓角相闻。敌军围困万千重，我自岿然不动。　　早已森严壁垒，更加众志成城。黄洋界上炮声隆，报道敌军宵遁。

——《毛泽东诗词集》，中央文献出版社1996年版，

第14页。

后来，贺子珍读到这首词，对毛泽东说："那时我哥哥贺学敏在黄洋界上，那炮是我哥哥打的。"

1934年1月，冯雪峰到了瑞金。毛泽东与他多有交往。有一次，毛泽东来到冯雪峰住处，见面就风趣地说："今晚约法三章：一不谈红米南瓜，二不谈地主恶霸，只谈鲁迅。"他们谈到了鲁迅以及冯雪峰所知道的鲁迅的一切。毛泽东不无遗憾地对冯雪峰说："'五四'时期在北京，弄新文学的人我见过李大钊、陈独秀、胡适、周作人，就是没有见过鲁迅。"毛泽东其实去过鲁迅家，不巧，那天鲁迅外出了。冯雪峰向毛泽东介绍鲁迅近几年在上海所写的杂文，尤其是在几次论争中的文章。冯雪峰还说，鲁迅读过他的《西江月·井冈山》等词，说"有'山大王'气概"。毛泽东听了，开怀大笑。还是1927年9月在文家市里仁学校里，毛泽东确定带起义部队向井冈山进发时讲了一番话，他说："历代都有'山大王'。'山大王'凭借山势，官兵总是没有消灭他。如果我们也要当'山大王'，那么，这个'山大王'是从未有过的'山大王'，是共产党领导的、有主义、有政策、闹革命的'山大王'。我们不是不想要长沙，而是我们现在的力量太弱，打不了长沙。中国地方大，政治不统一，经济不平衡，我们要找敌人势力最薄弱的地方去站住脚跟。井冈山就是敌人势力最薄弱的地方。"他觉得鲁迅说《西江月·井冈山》等词"有'山大王'气概"，既幽默又对着了他的心思，所以特高兴。

1965年6月30日，郭沫若携夫人于立群陪外宾到杭州访问，正好遇上刚从井冈山下来的毛泽东。毛泽东同郭沫若谈到井冈山的发展和变化，动员他上井冈山看看，说井冈山一定会引发他的诗兴。

7月1日下午，郭沫若携夫人上了井冈山黄洋界，看黄洋界的壮美

景色，吟诵《西江月·井冈山》。这时，井冈山管理局的负责人向郭汇报说，现正在建筑一座高 12 米的钢筋水泥的黄洋界保卫战胜利纪念碑，建成后，镌刻上毛主席手书《西江月·井冈山》，但在井冈山找不到这首词的手书。郭沫若当即说，他回北京后请主席亲写一幅。之后，郭沫若真专为此特向毛泽东请示，毛泽东也特为此书写了《西江月·井冈山》。郭沫若很高兴地将手书装在一个大信封里，并给井冈山的负责同志写了一封信：

井冈山负责同志们：

去年访问井冈山时黄洋界的诗碑在改建中，同志们打算刻上主席《西江月·井冈山》手迹。曾有同志到北京商量此事。

我曾向主席请求，满足同志们的愿望。最近蒙主席写就，并摄影寄上。请照碑式勾勒，并且适当放大为荷。

如以主席原式，则当成横披形，已建立碑又须改建。如何之处，请酌量处理，寄件收到后，望回一信。

敬礼

郭沫若

一九六六年七月十七日

井冈山的同志收到郭沫若寄来的毛泽东手迹摄影件后，将手迹放大，精心排列成竖立形镌刻贴金在纪念碑的正面。后纪念碑改建，正面镌刻毛泽东"星星之火，可以燎原"的手迹，在这碑的前面，增建了一块横碑，按毛泽东手迹原式横披形，在横碑正面镌刻上了毛泽东《西江月·井冈山》手书。

参考资料：

① 《人物》，1988 年第 2 期。

② 叶永烈:《毛泽东之初》，作家出版社 1993 年版。

③ 汤根姬:《〈西江月·井冈山〉——毛泽东手迹之由来》,《党史文汇》(年月待查)。

《红四军司令部布告》可读可歌

　　1929 年 1 月，一连几天，雪花漫天飞舞，整个井冈山银装素裹，玉树琼枝。毛泽东和朱德率领红四军 3600 多人，顶风冒雪下井冈山，将开往赣南开辟新的根据地。为了让广大人民群众了解红军的主张和政策，红四军司令部发布了一纸布告，沿途散发。布告用四言体式的诗歌写成，通俗明了，能读能唱，易懂好记，由毛泽东起草，用军长朱德，党代表毛泽东的名义公布。兹将这别具一格的《红四军司令部布告》抄如下：

　　　　红军宗旨，民权革命，赣西一军，声威远震。

　　　　此番计划，分兵前进，官佐兵伕，服从命令。

　　　　平买平卖，事实为证，乱烧乱杀，在所必禁。

　　　　全国各地，压迫太甚，工人农民，十分苦痛。

　　　　土豪劣绅，横行乡镇，重息重租，人人怨愤。

　　　　白军士兵，饥寒交并，小资产者，税捐极重。

　　　　洋货越多，国货受困，帝国主义，哪个不恨。

　　　　国民匪党，完全反动，口是心非，不能过硬。

　　　　蒋桂冯阎，同床异梦，冲突已起，军阀倒运。

　　　　饭可冲饥，药能医病，共产主张，极为公正。

　　　　地主田地，农民耕种，债不要还，租不要送。

　　　　增加工钱，老板担任，八时工作，恰好相称。

　　　　军队待遇，亟须改订，发给田地，士兵有份。

敌方官兵，准其投顺，以前行为，可以不问。

累进税法，最为适用，苛税苛捐，扫除干净。

城市商人，积铢累寸，只要服从，馀皆不论。

对待外人，必须严峻，工厂银行，没收归并。

外资外债，概不承认，外兵外舰，不准入境。

打倒列强，人人高兴，打倒军阀，除恶务尽。

统一中华，举国称庆，满蒙回藏，章程自定。

国民政府，一群恶棍，合力铲除，肃清乱政。

全国工农，风发雷奋，夺取政权，为期日近。

革命成功，尽在民众，布告四方，大家起劲。

军　长　朱　德

党代表　毛泽东

公历一千九百二十九年一月

参考资料：

① 《毛泽东军事文集》第一卷，军事科学出版社 1993 年版。

临江楼上　对景抒情

　　1929 年 10 月 10 日傍晚时分，毛泽东来到了上杭城，住进城南汀江岸边的一幢小楼。这幢楼现名"临江楼"，大概取其下临汀江之意。

　　小楼共三层，毛泽东与贺子珍住二楼左厢房。房中一张四尺宽的架床，古色古香。南窗下放着八仙桌和竹靠椅，桌上摆着文房四宝。厅堂中放着一张长桌，临江的一面是阳台。客厅里和阳台上摆放着几盆梅、兰、菊、竹之类的四季花木，使得这小楼平添几分雅致。楼外不远处，有一株百年老榕树，高高的，枝繁叶茂，蔚然葱郁，俯临江水，与小楼相映成趣。

　　第二天，10 月 11 日，正是农历九月初九重阳节。这天，毛泽东教贺子珍学诗，很自然就围绕重阳登高赏菊一类主题了。毛泽东先抄了一首南宋词人辛弃疾的《采桑子》：

　　　　少年不识愁滋味，爱上层楼。爱上层楼，为赋新诗强说愁。　　而今识尽愁滋味，欲说还休。欲说还休，却道"天凉好个秋"！

　　　　——《毛泽东诗词集》，中央文献出版社 1996 年版，第 22 页。

毛泽东稍作讲解，贺子珍就明白了：小时候不懂的忧愁，到年纪大了，在生活中深深体会到愁的滋味，却又不愿说或不愿直说。

毛泽东又抄了唐代诗人杜牧的诗《九日齐山登高》：

江涵秋影雁初飞，与客携壶上翠微。
尘世难逢开口笑，菊花须插满头归。
但将酩酊酬佳节，不用登临恨落晖。
古往今来只如此，牛山何必独沾衣。

听了毛泽东的解释之后，贺子珍说对"尘世难逢开口笑"一句还似懂非懂的。毛泽东说："意思是人生的哲学，斗争的哲学，阶级斗争，革命斗争……"贺子珍感到太深奥。

毛泽东说："今天我们也登高吧！"

夫妻俩从二楼阳台扶梯拾级而上，来到三楼的平台上。他们凭栏纵目，指点江山，高天澄碧，秋雁南非，远山逶迤，层林尽红；汀江波清水净，从楼下缓缓流向远方。江两岸盛开的野菊花，一簇簇，一丛丛，一片片，黄灿灿如同遍地耀眼的碎金。

毛泽东顿觉心旷神怡，精神为之一振。他兴致很高地与贺子珍讲起江南三大名楼：武昌长江之滨的黄鹤楼，洞庭湖边的岳阳楼，南昌的滕王阁，讲到有关的诗文名句。说着说着，他情绪高涨，诗兴勃发，对贺子珍说："我们登了这临江楼，也写写诗去吧！"

人生易老天难老，岁岁重阳。今又重阳，战地黄花分外香。　一年一度秋风劲，不似春光。胜似春光，寥廓江天万里霜。

——《毛泽东诗词集》，中央文献出版社1996年版，第18页。

参考资料：

①　舒龙、凌步机:《岁岁重阳》海南出版社 1993 年版。

陈毅将词装进口袋

1929 年 11 月，陈毅到上杭接毛泽东。他一见到毛泽东就说："这次我到中央去了一趟，我们争论的问题解决了。'七大'我本人犯了一次严重错误。中央承认你的领导是正确的。同志们都盼望你回部队。"说完，陈毅双手一拱："恕罪！恕罪！"

毛泽东为陈毅的坦荡、赤诚所感动，忙说："过去了，就不要再提了。"

两双大手紧紧握在一起，烟消云散，雨过天晴。

二人并辔徐行，来到汀江桥头。毛泽东望着清莹澄澈缓缓流淌的汀江水，突然问陈毅："你还记得我们第二次入闽渡汀江吧？"

陈毅说："记得，那天是 5 月 20 日，暴雨刚停，江水猛涨，浊浪排空。我们找到九条船，半天时间，全军顺利渡江，直下龙岩。"

毛泽东说："是呀，你还写了诗呢。"陈毅说："信手涂鸦，成什么诗哟。听说你进来填了两首词，给我欣赏欣赏吧！"

毛泽东说："部队打下上杭，心中高兴，像你一样，随便凑了几句，不成名堂。"说着从口袋中掏出一张纸，递给陈毅。

陈毅接过，见写着《清平乐·蒋桂战争》，随即用他那四川腔调朗诵起来：

> 风云突变，军阀重开战。洒向人间都是怨，一枕黄粱再现。　　红旗跃过汀江，直下龙岩上杭。收拾金瓯一片，分田分地真忙。

——《毛泽东诗词集》，中央文献出版社1996年版，第24页。

陈毅接着说："好极了！'红旗跃过汀江，直下龙岩上杭'，有气魄！力敌千军！'收拾金瓯一片，分田分地真忙'，是对闽西大好形势的高度概括，也是对红四军发动群众、开展土地革命、建设根据地工作的高度赞扬。深刻，深刻！"

"你也给改改。"

"填词作赋，我呀，要老老实实拜你为师！"陈毅将词装进口袋，说："同以往一样，给我了。哈哈哈！"

参考资料：

① 舒龙、凌步机：《岁岁重阳》，海南出版社1993年版。

风展红旗如画

古田会议结束了，毛泽东回到了红军的领导岗位。

1930年1月3日，朱德率红军一、三、四纵队从古田出发，准备经宁化向江西进发。

1月7日，毛泽东率红二纵队也从古田出发，计划经清流、归化、宁化县境，到江西与朱德会合。

宁化、清流、归化三县，地处武夷山中段，高山连绵，沟壑纵横，林木茂密。时值数九寒天，俗话说："一九二九，冻脚冻手；三九四九，凌破石臼"，大雪飞扬，天寒地冻。尽管步履维艰，滑溜跌撞，但红军战士仍情绪高涨，豪气干云，在毛泽东率领下，翻山越岭，跨涧穿林，奋力前进。一路上，群山起伏，白雪皑皑，红旗翻扬，人唱马嘶，好一幅雄浑壮美的军旅图画。

毛泽东情怀愉悦，诗兴盎然，于马背上哼成词一阕，用的是《如梦令》词牌，因这天正是农历正月初一，命题《元旦》：

> 宁化、清流、归化，路隘林深苔滑。今日向何方？直指武夷山下。山下山下，风展红旗如画。

就在几天前，即1月5日，毛泽东在《星星之火，可以燎原》这篇经典性文章的结尾处，用充满信心的笔调，满是诗情画意的语言，描绘了革命高潮即将到来的态势：

　　它是站在海岸遥望海中已经看得见桅杆尖头了的一只航船，它是立于高山之巅远看东方已见光芒四射喷薄欲出的一轮朝日，它是躁动于母腹中的快要成熟了的一个婴儿。

　　"风展红旗如画"正回应了这一段诗语，使得整首词色彩鲜明，生机勃勃，对此次的进军满怀胜利的信心。

　　同以往一样，陈毅要去了这首词。他和毛泽东是战友，又是诗友，常相互谈诗论文。陈毅十分喜爱毛泽东的诗词，毛泽东每有所作，也常抄给陈毅，陈毅总是珍藏着，后来在三年极为艰苦的赣南游击战争中，不幸将诗稿遗失了。到了20世纪60年代，陈毅和子女们谈起这些，还深为惋惜。对这首《如梦令·元旦》，当时陈毅读的熟，记得牢，以至17年后，陈毅率华东野战军接连取得鲁南、莱芜大捷后，又辗转于沂蒙山区与敌人主力做巧妙周旋时，想起了这首词，有意模仿其节奏写下了《如梦令·临沂蒙阴道中》：

　　　　临沂、蒙阴、新泰，路转峰回石怪。一片好风光，七十二崮堪爱。堪爱，堪爱，蒋贼进攻必败。

参考资料：

①　袁德金：《毛泽东与陈毅》，北京出版社1998年版。

雪天行军诗意浓

　　毛泽东同朱德会合后不久，于二月中旬，部署了攻打吉安的作战行动。命令一下达，赣西南特委就立即动员和组织了十馀万赤色群众，配合主力行动。

　　赣西二月，春寒料峭，一阵寒流袭来，大雪纷纷扬扬，遮天盖地。红军大队人马顶风冒雪，向中鹄进发，准备先打吉安外围之敌，再相机攻取吉安。

　　毛泽东、朱德骑着战马，并辔而行，谈笑风生。他们一时指着风雪弥漫的远方，谈进军吉安的总体计划或作战细节，一时背诵几句古代咏雪的名诗名句，加以品评。毛泽东忽然收住缰绳，想起十多天前越过武夷山区纵马在广昌路上的情景。那天也是漫天飞雪，红旗漫卷，自己曾在马上哼了几句词，没有足篇，此时不觉诗兴萌动，又在马背上哼起来。一会儿，他双腿在马身上一磕，赶上走在前面了的朱德，很有兴致地说："玉阶兄，我刚才哼成了一首词，念给你听听，看怎么样？"

　　朱德挽住马头，饶有兴趣地说："好！雪天行军吟诗，好雅兴！"

　　毛泽东抑扬顿挫地吟咏起来：

　　　　漫天皆白，雪里行军情更迫。头上高山，风卷红旗过大关。　此行何去？赣江风雪迷漫处。命令昨颁，十万工农下吉安。

　　——《毛泽东诗词集》，中央文献出版社1996年版，第27页。

朱德一听便大声说:"好词! 好词! 前四句写出了今天行军情景,真切。后四句气势雄浑,笔力千钧。'十万工农下吉安',锐不可当。"

毛泽东扬扬手说:"见笑了。你有好功底,写了诗就是不拿出让大家欣赏嘛。"

朱德憨厚地笑了笑,抱拳相谢道:"哪里,哪里。什么时候有了,一定请你斧正。"

毛泽东这首词题为《减字木兰花·广昌路上》,1962 第 5 期《人民文学》发表时,词中的"清更迫"三字为"无翠柏"。人民文学出版社 1963 年版《毛主席诗词》,将"无翠柏"改为了"情更迫"。

参考资料:

① 舒龙、凌步机:《岁岁重阳》,海南出版社 1993 年版。

万木霜天红烂漫

1. 前头捉了张辉瓒

1930 年 12 月 7 日，蒋介石抵南昌，召开"剿共军事会议"，调集了十一个师两个旅，约十万兵马，进攻苏区。

12 月 25 日，毛泽东在离东固不远的小布镇召开盛大的"苏区军民歼敌誓师大会"。

他给大会拟了副对联，高悬在大会主席台两侧：

敌进我退，敌驻我扰，敌疲我打，敌退我追，游击战里操胜券；
大步进退，诱敌深入，集中兵力，各个击破，运动战中歼敌人。

当天晚上，毛泽东端着油灯，凑近作战地图细细察看，朱德也俯身看着。一会儿，毛泽东用红蓝铅笔在"龙冈"处画了个大红圈圈，朝朱德说了声："怎么样？"朱德说："要得！"

12 月 29 日，敌十八师师长张辉瓒求胜心切，率主力两个旅及师部九千余人，逼进龙冈。30 日，红军与敌在龙冈展开了激战。说来也真巧，这时，居然浓雾四起，白茫茫雾海一般，龙冈周围的山山岭岭全被雾气笼罩，只有少数小小的山尖如海中孤岛，在雾海中若隐若现。毛泽东正在海拔 4300 米高的黄竹岭指挥所，指着山下，风趣地对身旁的朱德说："总司令，这真是天助我也。想当年诸葛亮借东风大破曹军，惹得后来的杜牧写诗，假设'东风不与周郎便'，就会'铜雀春深锁二乔'。今天我军乘大雾消灭张辉瓒，真乃天助我也。"

朱德说："孔明气死周瑜，今天我们要气死蒋介石！"

说罢，两人哈哈大笑起来。

经过激战，至下午三时许，红军把围困在万功山下的九千余人全部歼灭，并在万功山下的土坑里活捉了企图化装逃跑的师长张辉瓒。

"活捉了张辉瓒啊！"这一特大喜讯迅速在龙冈传开。几个红军通讯员，快活地向黄竹岭指挥所跑去："前面捉到张辉瓒啊，国民党的'铁军'师长被红军活捉了啊！……"

毛泽东在指挥所远远看见几个战士正快步走来，边走边喊，便迅速去迎接。这时，只听得"活捉张辉瓒"的喊声此起彼伏，在山谷里回响。

2. 刚写出上片，就被郭化若要走

第一次反"围剿"胜利后，一天，总前委秘书长古柏向毛泽东请示工作，看了毛泽东写的词，想要，又不好意思。第二天，古柏把毛泽东填词一事告诉了郭化若。郭当时是总司令部参谋处参谋兼作战科科长，他去毛泽东处看词。

郭化若拿着手稿，反复朗诵了几遍：

> 万木霜天红烂漫，天兵怒气冲霄汉。雾满龙冈千嶂暗，齐声唤，前头活捉张辉瓒。

他接着说："毛委员，您这么短短几句，就把龙冈的天时、地利和军民反'围剿'的伟大胜利绘声绘色地表现出来了。"说着，他就将词往口袋揣，"好！这词给我了。"

毛泽东说："不行，我用的词牌叫《渔家傲》，只写了上片，还没有改定嘛。"

"您改您的嘛。"郭化若转身就往外走。

毛泽东叫住郭，说："张辉瓒已经掉了脑壳，改一个字吧。"他拿过手稿，在上面圈去了"活"字，在"捉"字后加了个"了"字。改定，将手稿递给了郭化若。

3. 张辉瓒被俘的后话

据后来红军叛将龚楚说，张辉瓒被带到了朱德那里，朱德表示要办一个红军学校，让张去讲课。怎么会这样呢？张辉瓒，字石侯，1885年生，长沙人，湖南兵目学堂、湖南讲武学堂、日本士官学校毕业，1916年从事过反袁世凯的活动，1926年参加北伐，与毛泽东相识，有过交往。因之，朱德说让张讲课。毛泽东还见了张，用幽默的语气对张说："'总指挥'先生，你是怎么指挥的呀？你从湖南到江西，又从南昌到龙冈，今天就叫你进到龙冈为止啊！"他还一再交代不要杀张。由于张进到龙冈搞"三光"政策，龙冈的人民群众强烈要求开大会公审张。1931年1月28日，东固区苏维埃政府召开三千多人的公审大会，将张压上台公审，批斗。毛泽东要带兵看守张的何长工去做说服工作，一定不要杀张辉瓒。可是，公审大会上人山人海，掀起了一阵又一阵的喊"杀"声，张辉瓒终于被枪决。后来，张的灵柩运到长沙，安葬在岳麓山半山处。蒋介石为收买手下将士的心，拨款为张修了一座占地50平方米的水泥圆形墓，墓前竖立了一块高两米宽一米的青石墓碑，正面刻有蒋介石"魂兮归来"的题字。"文化大革命"中被红卫兵摧毁，近年已由岳麓山风景名胜区修复。

张辉瓒有个小舅子叫朱耀华，倾向进步。后来，朱耀华及其后人由于有张辉瓒这一层关系，一直受到某种连累。"文化大革命"中，小将们见了他们家里的人就高声念："齐声唤，前头捉了张辉瓒。"有位搞历史的学者甚有感慨地说，张辉瓒的大不幸是参加了蒋介石发动的第一次"围剿"，很不幸碰上了毛泽东，碰上了毛泽东又不赶快逃，偏要逞能，孤军深入，做了俘虏，更不幸的是大名被毛泽东的诗记录了下来，想不遗臭万年，难！

4. 唤起工农千百万

1931年2月，蒋介石派军政部长何应钦出马，增兵20万，向江西苏区发动了第二次"围剿"，气焰十分嚣张。

形势非常严峻。4月中旬，在中共苏区中央局会议上，讨论如何粉碎敌人"围剿"的问题时，多数同志同意中央三月来信的指示，主张"分兵退敌"，或退出中央苏区。毛泽东提出在中央苏区打，诱敌深入，依靠根据地军民团结破敌的主张，只有朱德等少数人支持。几天后，开苏区中央局扩大会议，吸收各军军长、旅长、参谋长及政治部主任参加，毛泽东在会上深刻地分析了敌我形势和利弊得失，说服大家放弃"分兵退敌"的主张。会议接受了毛泽东的意见，并据以制定了由西向东猛打，先打弱敌，首战胜利后接连向敌人发起攻击的作战方略。

毛泽东见到自己的军事意图被广大干部理解和接受，心情分外兴奋，于是在一个晚上，提起笔来，填写了《渔家傲》的下片：

> 二十万军重入赣，风烟滚滚来天半。唤起工农千百万，同心干，不周山下红旗乱。

——《毛泽东诗词集》，中央文献出版社1996年版，第33页。

其实，作者对这半阕词作了反复修改。第二句，先是"飞机大炮知何限"，接着觉得既然是"二十万军"则"飞机大炮"之多是必然的，"限"，要读成湖南湘潭方音"汉"才押上韵。想了想，改成"烽烟滚滚来天半"，写敌军的嚣张气焰。收尾句，先写成"叫他片甲都不还"。这句像个杀敌口号，太直白；"还"字不押韵。改为"牵来后羿看朝饭"。这句中有两个典故。一是后羿。据《左传·襄公四年》中的说法，后羿"恃其射也，不修民事而淫于原野"，被"家众杀而烹之"。将后羿比敌人，"牵来后羿"即活捉敌人。"朝饭"，典出《左传·成公二年》的齐晋韰之战。齐侯说:"余姑剪灭此而朝食。"意思是说我暂先消灭了晋军而后早餐。这还是表示杀敌决心,只不过用了典,显得含蓄一些,雅一些。最后改成"不周山下红旗乱"。为这一改,作者特作了个注,引了古籍中有关"共工头触不周山"的几条传说。作者说:"诸说不同。我取《淮南子·天文训》,共工是胜利的英雄。你看,'怒而触不周之山,天柱折,地维绝。天倾西北,故日月星辰移焉;地不满东南,故水潦尘埃归焉。'他死了没有呢? 没有说。看来是没有死,共工是确实胜利了。"这个典故,表明共工是一位改天换地的英雄,我们今天这个"日月星辰"向西移,"水潦尘埃"向东归的天地格局,正是共工造成的。他是多么伟大,多么了不起的英雄。作者用这个典故,意在表明我们红军正是这样的英雄,是改天换地的英雄,是推翻旧世界,创造新时代的英雄,是永远胜利的英雄。

参考资料:

① 冯都:《毛泽东词〈渔家傲·反第一次大"围剿"〉诞生记》,《党史文汇》1991 年第 2 期。

② 舒龙、凌步机:《岁岁重阳》,海南出版社 1993 年版。

③ 冯都:《红军活捉张辉瓒后的秘史》,《党史天地》。

④ 王彬彬:《张辉瓒被捉与被杀最新的史秘》,(出处待查)。

⑤ 《毛泽东诗造就了最倒霉的国民党将领》,见《历史春秋网》。

蒋介石被打哭了

打破蒋介石发动的第二次大"围剿"，毛泽东已胜券在握了。

毛泽东把三万多红军隐蔽在东固群山之中，与朱德把指挥所设在打伏击战的前沿白云山上。5月16日拂晓，毛泽东和朱德带着总部人员上了白云山，山上山下，白云滚滚。

上午十时，敌二十八师和四十七师一个旅进入了红军设置的"口袋"，猛然间天崩地裂一声炮响，两边高山枪炮齐鸣，弹雨倾盆而下，一下子把敌人打得晕头转向，乱成一团。红军从山上猛冲下来，锐不可当。敌人不知从哪里突然飞来这么多红军，没有进行什么抵抗就纷纷缴枪，惊呼："你们是从天上飞下来的！"

不到半天，第二次反"围剿"首战告捷，歼敌二十八师全部和四十七师一个旅的大部，俘敌官兵4000余人。

毛泽东乘战胜雄威，指挥红军连连追击，从5月16日到30日，红军由西向东，从江西赣江边上固陂、富田打起，经水南、白沙、中村、广昌，一直打到福建的建宁，横扫七百里，打了五个大胜仗，歼敌3万多，缴枪两万余，痛快淋漓地打破了"围剿"。"步步为营"的二十万敌军土崩瓦解，全线败退。蒋介石气急败坏地跑到南昌召开高级军官会议，大骂其部属无能，不禁痛哭失声。

与蒋介石相反，毛泽东诗情盈溢，染翰操觚，依然用《渔家傲》词牌，写了首《反第二次大"围剿"》的词：

白云山头云欲立，白云山下呼声急，枯木朽株齐努力。枪林逼，飞将军自重霄入。　　七百里驱十五日，赣水苍茫闽山碧，横扫千军如卷席。有人泣，为营步步嗟何及。

————《毛泽东诗词集》，中央文献出版社 1996 年版，第 40 页。

参考资料：

①　郭化若：《远谋自有深韬略》，人民出版社 1980 年版。

别出心裁的"政府布告"

1931 年 11 月 27 日，毛泽东当选为中华苏维埃共和国中央执行委员会主席。从此，他就一直被称为"毛主席"。

尽管毛泽东当时已受到王明"左"倾教条主义者的高强度批评，被指责为"狭隘经验论"、"右倾"、"富农路线"等，但他强把不愉快压在心底，极有创造性地进行了新政府的组建，领导政府开展了一系列工作。他是诗人，常常别出心裁。12 月 29 日，苏维埃政府发布的布告，是他起草的。如此庄重的政府文件，他却用甚具歌谣风味的六言诗体式写成。兹据《毛泽东年谱》一书所录，抄如下：

> ……
>
> 军阀豪绅地主，到处压迫穷人，
> 利用国民政府，要捐要税不停。
> 地主白占土地，厂主垄断资本，
> ……
> 大家要免痛苦，只有参加革命。
> ……
>
> 穷人一致奋起，组织工农红军，
> 豪绅地主土地，一律分给农民。
> 免除苛捐杂税，都是有吃有剩，
> 工人每日工作，只做八个时辰。

　　……
　　商人服从法令，生意由你经营，
　　……
　　各地工农群众，赶快参加革命。
　　建立工农政府，快把地主田分，
　　工人组织工会，快同厂主斗争，
　　大家一致努力，完成中国革命。

参考资料：

　　① 《毛泽东年谱》上卷，人民出版社、中央文献出版社 1993 年版。

代拟打油诗拒敌

1932 年 3 月中旬，中共苏区中央局接受毛泽东建议，决定由东路军发起漳州战役。4 月 10 日，毛泽东指挥东路军在考塘消灭国民党军第四十九师约两个团，随即攻克龙岩，接着向漳州进军。

在漳州市张贞指挥所里，杨逢年急慌慌向张贞报告，这次来犯的是"朱毛"主力。

张贞大吃一惊，他们这么快悄悄到这里来了，那怎么得了！

杨逢年说，看来，毛泽东也随军行动，不可小觑呀！据侦察报告，投靠红军的董振堂、赵博生、黄中岳都在部队里。

张贞说，立即向南京报急。你可写信给你保定同学董振堂、赵博生，劝他们带队回归，策反不成，也可离间他们。

杨逢年说，是！

红军指挥部移到南坪村。毛泽东招集军长以上干部开会，敌机飞临侦察，洒下传单。警卫员小吴捡了一张，交给毛泽东。毛泽东看了一眼，交董振堂、赵博生、黄中岳，笑着说："敌人传单两个内容，一是粤军总司令陈济堂急电声援张贞，袭我之后；二是杨逢年致函董、赵、黄三将军叙保定军校旧谊，想策反。正好，这次我们是借重五军团。粤军不是最怕你们西北军的大刀吗？我们已留五军团一个军守龙岩后卫，再拨出一个军作总预备队，另以十五军迂回天宝侧翼，进占靖城，断敌退路，四军担任正面进攻，务求全歼张师两旅，闽南王张贞就在漳州坐不住了。"

董振堂说："毛主席攻漳战斗这样倚重我们五军团，自当血战，不辱使命。"他浏览了一下传单，问赵博生："我怎么记不起有杨逢年这个同学了？他还说与我们朝夕相处，共磋主义呢。"

赵博生说："你忘了摔跤场上被你摔倒，竟咬你一口的那个愣小子？"

董振堂轻蔑地说："是他呀，共磋拳艺都没资格，还共磋主义呢！"

毛泽东风趣地说："我代你拟四句打油诗回答他。"四句诗是：

何来主义共切磋？当年摔跤被君咬。

士各有志自奋程，今朝决战在天宝。

众将领大笑。黄中岳说，这等好诗，我叫黄镇用蜡纸刻印出来，派突击队送到杨逢年旅部去。

20日，红一军团在红五军团的密切配合下，一举攻占了漳州，歼敌第四十九师大部，俘敌一千余人，缴获大量枪支弹药，还有两架飞机。

参考资料：

① 郭晨：《逆境中的毛泽东》，中央文献出版社、中国妇女出版社2006年版。

梅花朵朵笑吟诗

　　1932年12月上旬，苏区中央局在宁都县城北的小源村召开会议（史称"宁都会议"），由任弼时主持。会议根据中共上海临时中央的长信指示，对毛泽东展开了十分激烈的批评，撤去了他红军总政委职务。

　　毛泽东一气之下，以养病为由，来到福建汀州。

　　经傅连暲检查，毛泽东确实有病，需要好好治疗、休养。

　　毛泽东为了消解心情郁闷，抓紧时间看报读书。他读《孙子兵法》，读古典诗词。他还将自己在马背上哼成的一些作品加以推敲修改，录定后一首首讲给贺子珍听。一天，贺子珍要毛泽东教自己写诗，毛泽东说："好嘛。你先读一些唐诗。'熟读唐诗三百首，不会吟诗也会吟'嘛。"他翻开《唐诗三百首》，指着贺知章的《回乡偶书》说："这是你贺家老祖宗的诗，你读读。"贺子珍轻声读：

　　　　少小离家老大回，乡音无改鬓毛衰。
　　　　儿童相见不相识，笑问客从何处来。

　　贺子珍读了笑着说："以后我老了回到家乡，也会'儿童相见不相识，笑问客从何处来'，是吧?"

　　这些年来的戎马生涯，使得毛泽东习惯于听战马的嘶鸣，冲锋的号声；习惯于运筹帷幄，决胜疆场。如今，远离了自己亲手创建的红军，蛰居在偏僻的闽山之中，烦躁、惆怅、寂寞的心情，不时袭扰着他。一天，贺子珍见他心情不佳，便提议说："润之，我们去北山散散步吧，听说山上有座金沙寺，是汀州八景之一哩。"

"好，看看去！"毛泽东欣然应允。

毛泽东和贺子珍来到北山脚下，沿着山路，缓缓而上，有说有笑的。

金沙寺，雄踞山顶，殿宇巍峨，琉璃瓦顶，流金漾彩，显得相当壮观。毛泽东来到山顶，登临纵目，蓝天空阔，白云悠悠，远山如黛，顿觉心宽神畅，烦忧尽忘。

贺子珍被一株腊梅吸引住了，她走过去深深吸了吸腊梅透逸的清香，不禁叫道："润之，快过来！这腊梅真香！"

毛泽东乘兴过去，深深吸了几口气，对着腊梅定定地看了看，疏枝铮铮，梅花朵朵，天寒地冻，悄然喷香，多么雅倩而又刚强啊。他笑着对贺子珍吟诵着：

> 春心乐共花争发，与君一赏一陶然。

贺子珍笑着地说："你高兴了，就会吟诗的。"

这两句诗中的前一句，借用唐诗人李商隐《无题》中"春心莫共花争发"诗句，只改了一个字，意趣便截然不同。李的诗句消沉，毛的诗句昂扬，春心与梅花同发，人与梅相通，不畏严寒困苦，乐观刚强。

参考资料：

① 余伯流、陈钢：《毛泽东在中央苏区》，中国书店出版社 1993 年版。

今朝更好看

　　1933 年 5 月下旬的一天，毛泽东与贺子珍在去瑞金的途中，路过大柏地。时阵雨刚过，云散天青，斜阳晚照，彩虹凌空，群峰苍翠欲滴，景色非常美丽。他们都感到心旷神怡，谈起了四年前在这里的一场战斗。那是 1929 年 2 月 10 日，正是农历正月初一。毛泽东和朱德在大柏地利用有利地形，布置了伏击，等尾追红军而来的敌刘士毅部。下午，敌军果然进入了伏击圈。战斗打响，红军勇猛攻击，高喊："消灭刘士毅，杀敌过新年"，与敌军浴血奋战，毛泽东也提起枪亲自带着警卫排向敌军冲锋。这很可能是毛泽东第一次也是最后一次持枪杀敌。至 11 日下午，全歼被围之敌，俘敌正副团长以下八百余人，缴获步枪八百余支，是红军下井冈山以来的第一次大胜仗。当天，战斗结束后，在夕阳的光照里，毛泽东与贺子珍漫步山头，看着弹痕累累的山坡，毛泽东深情对贺子珍说："看你那挖战壕举枪杀敌的劲头，真想不到，你竟这样刚强勇敢。"贺子珍浅浅一笑地说："在那个时候，哪一个共产党员都会那样的。"今天，旧地重游，他俩回忆当时的战斗，指点留下的战斗痕迹，心情很兴奋。他们来到了杏坑村，在刘尔津家墙上还清晰可见当年战斗留下的枪弹洞。毛泽东对贺子珍说："这是一栋有百多年历史的普通民房，墙上留有弹洞痕迹，显得更好看了。"当晚，他填了一首词《菩萨蛮·大柏地》：

　　　　赤橙黄绿青蓝紫，谁持彩练当空舞？雨后复斜阳，关山

阵阵苍。　　当年鏖战急，弹洞前村壁。装点此关山，今朝
更好看。

　　——《毛泽东诗词集》，中央文献出版社 1996 年版，
第 44 页。

　　杏坑村，已于 1968 年改名"前村"了。村前，立了一块纪念碑，
正面镌刻了毛泽东这首词的手迹。前村，已是一红色旅游胜地。

参考资料：

　　① 　王行娟:《贺子珍的路》，作家出版社 1985 年版。
　　② 　颜广林、盛祖纯等:《井冈烽火》，上海人民出版社 1980
年版。

踏遍青山人未老

　　1934 年夏天，毛泽东在会昌养病，面对苏区日益严峻的形势，他虽然心情郁闷，但还是尽力做些补救性的工作，以减少苏区南边战线的损失。

　　7 月 23 日清晨，天刚拂晓，碧空如洗，几颗晓星，虽已时届大暑，但仍感凉气宜人。毛泽东在粤赣省的几位干部陪同下，缓缓登上了会昌城西北的高峰岚山岭。他兀立山巅，任凉风吹动他的长发，轻拂他瘦削的双颊，顿觉身轻神净，纵目远眺，粤赣群山逶迤，郁郁葱葱，他不禁思从中来，感慨良多。回到文武坝，他即兴写成《清平乐·会昌》一词：

　　　　东方欲晓，莫道君行早。踏遍青山人未老，风景这边独好。　　会昌城外高峰，巅连直接东溟。战士指看南粤，更加郁郁葱葱。

　　　　——《毛泽东诗词集》，中央文献出版社 1996 年版，第 46 页。

　　后来，作者对这首词作注说："一九三四年，形势危急，准备长征，心情又是郁闷的。这一首《清平乐》，如前面那首《菩萨蛮》(民按：指《菩萨蛮·黄鹤楼》)一样，表露了同一的心境。"但这首词当时在粤赣省委中传阅，他们认为毛泽东以"风景这边独好"的形势教育干部、战士坚定革命的信念，以"踏遍青山人未老"的革命精神激励干部、战士的斗志，没体会到词中的"郁闷"心情。

由于这首词的发表，会昌的干群就将毛泽东登上的岚山岭改名"会昌山"。

参考资料：

① 何长工：《何长工回忆录》，解放军出版社 1987 年版。

祝有情人终成眷属

　　毛泽东就在写了《清平乐·会昌》之后不几天，来到了距瑞金约19公里的云石山。这座山不大，秀美幽雅，在苍松翠竹的掩映之中，有座"云山古寺"。寺门前有副对联：

　　　　云山日永常如昼
　　　　古寺云深不老松

　　寺内中堂挂有一副楹联：

　　　　云拥如来此地无殊天竺地
　　　　石磨真性几人直步买花人

　　毛泽东在云石山的时间不长，却留下了一段有传奇色彩又富于浪漫诗情的佳话。

　　毛泽东住云石山"云山古寺"左厢房，右厢房住着法号乐能的主持。

　　乐能不过三十来岁，见识广博，毛泽东与他谈诗论文，说佛讲经，甚是投机。

　　一天，毛泽东从乡下调查归来，去找乐能法师闲聊，乐能不在，却看到乐能写的一首诗：

残阳西入寺，空庙一孤僧。

落叶人何在？秋之路几层。

独敲半夜缽，闲倚一枝藤。

吾已入空门，岂敢言爱憎。

　　诗是心灵的外露。诗心容易相通。毛泽东读罢诗，觉得其中有难言的隐情，他正转身要走，刚巧乐能喜滋滋地回来了。

　　毛泽东说："乐能法师，我看你眉梢喜气，双颊微红，想必是交上桃花运，有了恋中人了？"

　　乐能一听，满脸红晕，急忙争辩："阿弥陀佛，身为出家之人，四大皆空，岂敢萌生情欲，首长别开玩笑了。"

　　毛泽东哈哈大笑，指着案头的诗稿说："有诗为证啰。"

　　乐能见掩饰不住，只得将两日前在山中救下一被恶徒追逐的少妇月英留在寺内的经过如实说了，并请毛泽东帮助处置。

　　毛泽东建议乐能将月英留下来做个贤内助，并开导他说："记得佛经的宗旨是来去自如。法经也说过，'心生总总法生，心灭种种法灭'。和尚还俗，自古有之，你何苦受山门法规约束呢！再者，有苏维埃政府为你做主，怕什么呢？这件事，我叫张秘书来处理吧。"

　　几天之后，乐能和月英喜结良缘。

　　洞房之夜，月英发现乐能手中拿着一块"绣凤"手帕，大吃一惊，忙问："你这是哪里来的？"

　　乐能见月英神色大异，忙将自己的身世，与前未婚妻凤珠以死相恋，不能成婚，被迫遁入空门的事说了出来。月英一听，不由得抱住乐能大哭："我就是凤珠啊……"忙将怀中的"绣龙"手帕拿了出来。

　　乐能悲喜交集："你真是凤珠啊！"

　　第二天一大早，这对新婚夫妇来到毛泽东住处，双双跪在地上："毛主席，你真是我们的大恩人啊！"

　　毛泽东慌忙不迭地扶起他们，还未开口，乐能便将他们的遭遇细诉了一遍。原来，乐能是广东一富家少爷，名龙书文，从小爱上了一个叫凤珠的丫环，与她互赠龙凤帕作为定情信物，并发誓要娶她为妻。但龙的父母亲友都坚决反对。十年前，龙书文被送往波兰留学，凤珠被逐出龙家。龙书文学成归来，听说凤珠已投海自尽，一气之下，出家当了和尚，三年后，来到瑞金云山古寺做了主持。凤珠确实跳了海，不过被人救起，流落他乡，被拐骗到瑞金，被迫嫁人。为抗强暴，她深夜逃出，蒙乐能相救。十年不见，凤珠已红颜消尽，龙书文已削发为僧，故二人一时没认出来，没想到那龙凤帕让他们相抱痛哭在一起……乐能说着，掏出两块手帕放在毛泽东面前："这一龙一凤，龙就是我，我原名龙书文，凤就是她，凤珠啊！"

毛泽东听了感到惊异，天底下无奇不有，真是无巧不成书啊！他喜笑颜开地说："好哇！我送你们四句诗"：

十年重逢，喜龙得凤。
历尽劫难，破镜重圆。

他接着说："恭喜！恭喜！你这可是救苦救难、普渡众生得来的报应啊！"

乐能、凤珠忙说："还是搭借你的福气、祥光哪！"

毛泽东笑着吟诵道："但愿人长久，千里共婵娟。"（苏轼诗句）

乐能忙回答："孤云将野鹤，岂向人间住。"（刘长卿诗句）

云山古寺，情意绵长。

参考资料：

① 余伯流、陈钢：《毛泽东在中央苏区》，中国书店出版 1993 年版。

即兴打油　笑张闻天摔跤

　　突破敌人重兵严守的湘江封锁线之战，红军损失惨重，伤亡过半，只剩下 35000 多人。全军上下，对李德、博古的军事指挥普遍不满。毛泽东感到再也不能忍耐了，他说，要讨论失败的原因，要放弃原定与贺龙、萧克的二、六军团会合的计划，转向敌人兵力虚弱的贵州进军。张闻天、王稼祥支持毛泽东。在通道召开的"飞行会议"上，周恩来接受了毛泽东的建议。12 月 15 日，红军攻占了黔东一座颇为繁华的黎平县城，由周恩来主持在这里召开了政治局会议，毛泽东的意见得到了会议的认可。红军按毛泽东的战略意图，突破乌江天险，急向黔北重镇遵义进军。

　　一天，部队行进在较为平缓的山地上。

　　张闻天骑着马悠悠而行。他原是个文人，出版过长篇小说，发表过诗作，面对南国时而壮丽时而秀美的山色晴岚，他诗兴大发，浅吟低诵地哼起一些吟咏山景的诗句："山从人面起，云傍马头生"；"泉飞一道带，峰出半天云"；"浮云不共此山齐，山霭苍苍望转迷"……还不禁喃喃自语："好！身临其境。"他一时迷醉在山光与诗境之中，信马由缰，突然坐骑一蹄踏空，他"哎哟"一声，摔倒在一块草地上。警卫员一声惊呼，急忙将他扶起。

　　毛泽东听到喊声，大步走了过去，见正在拍打着身上草屑的张闻天便问："洛浦，摔伤了没有？"

　　张闻天边戴眼镜边说："没事，只是屁股摔了一下。"

毛泽东见张好好的，便开玩笑起来："阿弥陀佛，没事就好。大秀才摔跤也有学问呀，听我老毛吟一首打油诗助兴。"说着他就摇头晃脑地吟诵起来：

> 洛浦洛浦真英豪，不会行军会摔跤。
> 四脚朝天摔得巧，没伤胳膊没伤脑。

在场的人听了哄然大笑，张闻天也"嘿嘿"地乐，连说："见笑见笑。"

毛泽东这次"调侃"张闻天摔跤的打油诗，在传说中，还有另一个版本：

> 洛浦骑马过湖南，四脚朝天滚下山。
> 人没受伤马没死，菩萨保佑你平安。

参考资料：

① 郭晨：《万水千山只等闲》，军事科学出版社 1993 年版。

用郭沫若口吻自解《娄山关》

　　1962 年 5 月《人民文学》，发表了毛泽东在井冈山斗争与长征时期"于马背上哼成的"六首词。之前，《人民文学》编辑部将六首词抄送郭沫若，并请他写些讲析性的文字。郭沫若欣然应约，于 5 月 1 日写成《喜读毛主席〈词六首〉》一文。5 月 9 日，郭沫若收到《人民文学》编辑部送去的清样，马上写信送请毛泽东"加以删正"。

　　毛泽东在看郭文清样时，将郭文中关于《娄山关》的解释部分全部删去，再用郭沫若的口吻在清样的旁边空白处增写了一段文字，对《娄山关》作出了自己的解释。全文如下：

　　　　我对于《娄山关》这首词做过一番研究，初以为是写一天的，后来又觉得不对，是在写两次的事，头一阕一次，第二阕一次。我曾在广州文艺座谈会上发表了意见，主张后者（写两次的事），而否定前者（写一天），可是我错了。这是作者告诉我的。一九三五年一月党的遵义会议以后，红军第一次打娄山关，胜利了，企图经过川南，渡江北上，进入川西，直取成都，击灭刘湘，在川西建立根据地。但是事与愿违，遇到了川军的重重阻力。红军由娄山关一直向西，经过古蔺古宋诸县打到了川滇黔三省交界的一个地方，叫做"鸡鸣三省"，突然遇到了云南军队的强大阻力，无法前进。中央政治局开了一个会，立即决定循原路反攻遵义，出敌不意打回马枪，这是当年二月。在接近娄山关几十华里的地点，清晨出发，还有月亮，午后二三时到达娄山关，一战攻克，消灭敌军一个师，这时已近黄昏了。乘胜直追，夜战遵义，又消灭敌军一个师。此役共消灭敌军四个师，重占遵义。词是后来追写的，那天走了一百多华里，指挥作战，哪有时间和精力去哼词呢？南方有好多个省，冬天无雪，或多年无雪，而只下霜，长空有雁，晓月不甚寒，正像北方的深秋，云贵川诸省，就是这样。"苍山如海，残阳如血"两句，据作者说，是在战争中积累了多年的景物观察，一到娄山关这种战争胜利和自然景物的突然遇合，就造成了作者自以为颇为成功的这两句话。由此看来，我在广州座谈会上所说的一段话，竟是错了。解诗之难，由此可见。

不知出于什么样的原因，《人民文学》发表的仍是郭沫若的原文。其中有这样一段话：

> 第二次又经过娄山关回遵义是在当年二月。就时令来说是冬末春初。为什么在词的上阕写的却是秋天？"秋风"、"雁叫"、"霜晨"，都是秋天的景物。这怎么解？要说主席写词不顾时令，那是说不过去的。因此，我猜进一步知道：《娄山关》所写的不是一天的事。上阕所写的是红军长征的初期，那时一九三四年的秋天；下阕所写的是遵义会议之后，继续长征，第一次跨过娄山关。

对郭沫若这说法，有些学者不同意。周振甫说："西风，雁叫，霜晨是写实，即是那天（2月25日娄山关之战那天——引者）有西风，诗人就写西风"，冬末春初也有"雁叫"，也有"霜晨"，"可以用来写初春的景物"，"烘托当时的战斗气氛"。

张涤华也不同意郭的说法。他多方引证，说明"西风、雁叫、霜晨，虽说是秋天常有的景物，但却不一定是特有的景物"，"红军过娄山关在冬末春初，在这种时候，西风、雁叫、霜晨是可能出现的，《娄山关》

词写到这些也是不足为奇的"。

1964 年 1 月 27 日，毛泽东再次针对郭沫若的说法发表了看法：

> 这首词上下两阕不是分写两次攻打娄山关，而是写一次。这里北有大巴山，长江、乌江之间也有山脉挡风，所以一二月也不太冷。"雁叫"、"霜晨"，是当时景象。云贵地区就是这样，昆明更是四季如春。遵义会议后，红军北上，准备过长江，但是遇到强大阻力。为了甩开敌军，出敌不意，杀回马枪，红军又回头走，决心回遵义，结果第二次打下娄山关，重占遵义。过娄山关时，太阳还没有落山。

> 忆秦娥　娄山关　一九三五年二月
> 西风烈，长空雁叫霜晨月。霜晨月，马蹄声碎，喇叭声咽。　雄关漫道真如铁，而今迈步从头越。从头越，苍山如海，残阳如血。

> ——《毛泽东诗词集》，中央文献出版社 1996 年版，第 52 页。

参考资料：

① 《毛泽东文集》第八卷，人民出版社 1999 年版。
② 吴正裕：《从毛主席为郭沫若改文章谈起》，《人民日报》1991 年 12 月 26 日。

长征路上　朗诵《长征》

　　1935 年 10 月上旬，中央红军越过雪山草地，来到了甘肃省的通渭。部队在这里休息了一天。这天下午，召开了副排长以上的干部会。会场设在城东的一个小学校里，校舍不大。整个会场除了一张讲桌外，再无其他陈设。参加会的有 200 多人，大家搬来许多石块、砖头当凳子，坐在屋子里。

　　一会，聂荣臻政委陪着毛泽东主席来了，顿时，整个屋子鸦雀无声，每个人都兴奋地注视毛泽东。

　　毛泽东那魁梧的身体显得有些消瘦了。他慢步走进会场，扫视了一下会场里的人，然后微笑着问："同志们好！"

　　"主席好！"大家的回答响亮、整齐。

　　毛泽东微笑着，向大家摆了摆手，便用他那带有浓重湖南乡音的声音从容地开始讲话。他从长征的意义讲到敌人的失败和红军的胜利，许多没有参加开会的同志听说是毛主席在作报告，也都纷纷赶来听。顿时，小学校的里里外外都挤满了人。

　　毛泽东说："你们从去年十月到今天，已经走过了十个省，走了两万余里，打垮了敌人的前堵后追，战胜了种种困难。你们都是革命的珍宝，是民族的精华。同志们都很辛苦了，可是我们还要加一把力，明天还要继续前进！"

　　毛泽东讲到这里，有人情不自禁地问："主席，我们要到哪里去呀？"

　　毛泽东很和蔼地回答："到抗日最前线去。我们首先到陕西北部，与陕北的红军会合，然后，哪里有侵占我们国土的日本鬼子，我们就到哪里去消灭他们。”

“到陕北有好多路呀？”一个人问开了，又有人问起来。

毛泽东回答：“千把里路。如果每天走六十里，十六七天就可以走到。怎么样？行吗？”

“行！每天走七十里也可以。”

“每天走八十里吧！争取早到早去打日本鬼子。”

会场上更加活跃起来。仿佛大家不是在听主席讲话，而是同自己的战友谈心。

毛泽东看大家热情很高，又向大家介绍了陕北的情况。最后他说：“我写了首诗，读给你们听听，不知行不行？”接着，他便高亢有力地朗诵起来：

> 红军不怕远征难，万水千山只等闲。
>
> 五岭逶迤腾细浪，乌蒙磅礴走泥丸。
>
> 金沙水拍云崖暖，大渡桥横铁索寒。
>
> 更喜岷山千里雪，三军过后尽开颜。

——《毛泽东诗词集》，中央文献出版社1996年版，第55页。

当时，参加会议的一位同志，1959年回忆他听毛泽东朗诵《长征》诗的感受时说：“随着毛主席的朗诵，我们仿佛又回到了那高入云霄的五岭山脉；仿佛又回到了那惊涛骇浪的金沙江和大渡河畔；仿佛又回到了那终年积雪的雪山和荒无人烟的草地。当往日的艰难困苦一幕幕掠过我们的脑际时，就感到摆在我们面前的这些进军路程和艰难困苦，是多么渺小啊！毛主席那伟大的胸怀，英雄的气魄，以及高度的革命乐观主义精神，深深地感动了我们，激励着我们，使我们感到有移山填海，开天辟地的力量。”

毛泽东朗诵完诗，全场响起热烈的掌声。他微笑着连连向大家摆手，说："在座的同志有不少人是革命的知识分子，你们把我讲的这些，也编一个'到陕北去'的歌子。现在就编，编好后给我看看，晚上就教，明天就边唱边走！"

当晚，支队宣传部长彭加伦便编好《到陕北去》的歌子。第二天天刚亮，红军又出发了，行军的行列里响着"到陕北去"的歌声：

陕北的革命运动大发展，创造了十几县广大根据地。
迅速北上会合红军二五、二六军，消灭敌人。
争取群众，巩固发展陕北红区建立根据地。
陕北的革命运动大发展，创造了十几万赤色的军队。
迅速北上会合红军二五、二六军，消灭敌人，
争取群众，高举抗日鲜红旗帜插到全国去。

1936 年 7 月间，美国记者埃德加·斯诺来到了当时中共中央和中国工农红军总部所在地的陕北保安县城。毛泽东 7 月 16 日就接见了斯诺，并在 7 月至 10 月这段时间内，几次同斯诺谈话。斯诺把这些谈话都写进《西行漫记》一书中。在记叙长征的一节里，在最后，斯诺写道：

有一天会有人把这次惊心动魄的远征写成完整的史诗。现在我必须继续把我的故事讲下去，因为我们已经讲到共产党人在西北的会合了。我用毛泽东主席——一个既善于领导征战又善于写诗的叛逆者——写的一首关于这次六千英里长征的旧体诗作为结尾。

紧接着这段文字的就是《七律·长征》这首诗。
在毛泽东的诗词中，恐怕要算这首诗是最早被介绍到国外去的了。

参考资料：

① 《毛泽东一九三六年同斯诺的谈话》，人民出版社1979年版。

② 胡安吉:《毛主席给我们朗诵诗》,《解放军文艺》1959年第 2 期。

不到长城非好汉

1.六盘山上，对景抒情

六盘山，甘肃省有名的高山，陇东山脉主峰，海拔三千五百公尺以上，是红军长征路上最后翻越的一座高峰。

1935 年 10 月 7 日，红军向六盘山进发。六盘山下隘口有个村子叫青石嘴，驻扎着敌东北骑兵第七师的一个团，有几百匹马，拦着红军的去路。

毛泽东对一大队队长杨得志、政委萧华、五大队大队长张春山、政委赖传珠、四大队大队长王开湘、政委杨成武等说："一定要消灭他们，搬开拦路石！"三个大队按毛泽东的布置向敌人发起猛冲，敌人正在开饭，几百匹马系在村头还没来得及解。不到半个小时，就结束了战斗。与缴获的花名册一对照，敌方的人员、马匹一点也不少，还多出了十多辆马车的子弹和军装，还有大量布匹。战士们高举着红旗，喜气洋洋地攀登六盘山。

毛泽东很高兴，登山时，一会儿与身旁的同志说古论今，一会儿指指点点，观赏山色风光。当来到一道高高的山冈时，毛泽东转身对同志们说："休息一会儿吧！"说着，他就在石头上坐下了。他抽着烟，望着远方，天高云淡，大雁高飞，排着"人"字队形，向南飞去，不到目的地是不会停歇的。六盘山上，红旗漫卷，多美的景色啊。一会，他对身边的人们说："这真是个好地方，以后可以好好写一写。"这时，他已开始"哼"了，神游入某种诗的意境。不多一会，便哼出了他在长征路上写的最后一首词：《清平乐·六盘山》。词曰：

> 天高云淡，望断南飞雁。不到长城非好汉，屈指行程二万。 六盘山上高峰，红旗漫卷西风。今日长缨在手，何时缚住苍龙？

> ——《毛泽东诗词集》，中央文献出版社 1996 年版，第 65 页。

1942 年 8 月，新四军主编出版的《淮海报》副刊上，发表了毛泽东两首诗词，其一是《长征》，其一是这首词，不过，标题却是《长征谣》，还有一些改动：

> 天高云淡，望断南飞雁。不到长城非好汉，同志们屈指行程已二万！同志们屈指行程已二万！六盘山呀山高峰，赤旗漫卷西风。今日得着长缨，同志们，何时缚住苍龙？同志们，何时缚住苍龙？

2. 战士从中获得了力量

解放战争时期，我某小部队的通讯员和三名战士，遭敌人围困。他们决心为党为人民牺牲，但想最后听一听党中央的声音。通讯员把随身带的收音机扭开，刚好，朗诵毛主席的《清平乐·六盘山》的声音传到他们的耳朵里，听着听着，他们立刻感到力量涌上了全身。"不到长城非好汉"，他们不想牺牲了，决心冲出敌人的包围圈。他们真的终于冲出来了。

3. 尼克松高兴，夫人可有意见了

1972 年 2 月，美国总统尼克松在访华期间，由叶剑英元帅陪同去游览长城。正好前一天纷纷扬扬地下了一场大雪。雪后的八达岭，是一片银装素裹世界，城墙上积满了雪，使逶迤的巨龙似的长城仿佛用雪线勾画而出；长城内外，白色茫茫，风光十分壮丽。

叶剑英指着长城的景色说："毛主席有一句很有气魄和哲理的诗，'不到长城非好汉'。"

尼克松赞叹地说："这的确是一座伟大的建筑，人类的奇迹。"他望着前边重重叠叠的城垛城堞，高兴而又似乎深有意味地说："我们今天到了长城，成为毛主席说的'好汉'了；但是，今天是爬不到顶峰了。"

叶剑英接着说："我们不是已经在北京进行着顶峰会谈嘛。"

尼克松夫人帕特听了，笑着表示不满说："为什么毛主席写诗只讲'好汉'，不讲'好女'呢？我们妇女不是也到了长城么？"

尼克松和叶剑英听了都哈哈大笑。

叶剑英笑罢又说："我们都要到长城。全世界的男人女人，黑人白人，东方人西方人，都要共同达到一个人类和平友谊的长城。"

尼克松说："我看过卫星拍下的长城照片。它是地球的标志，应该是人类和平的标志。"

参考资料：

① 杨成武：《忆长征》，解放军文艺出版社 1982 年版。

② 臧克家：《毛泽东诗词讲解》，中国青年出版社 1990 年版。

③ 陈昌奉：《跟随毛主席过六盘山》，《工人日报》1986 年 10 月 2 日。

④ 陈敦德：《毛泽东·尼克松在 1972》中国文史出版社 2009 年版。

诗赞彭大将军

红军翻越六盘山，很快进入陕西，10 月 19 日，到达陕北根据地"边境"重镇吴起镇。至此，行程二万五千里的长征，就宣告胜利结束。在这个只有七户半人家的地方，中国革命史从此翻开了新的一页。

红军刚刚停下脚，敌马鸿宾三十五师骑兵团和原东北军白凤翔的骑兵团跟踪而来。毛泽东说：我们后面的敌人是条讨厌的"尾巴"，斩断它，不要把敌人带进根据地。他立即电令彭德怀速来一纵队，并找来周恩来、叶剑英、聂荣臻商量作战方案。毛泽东说："我们疲劳，敌人也疲劳，利用吴起多山的地形，打他个胜仗，作为'礼物'送给陕北人民。"毛泽东发了一份作战电报，其中分析该地区地理环境特点时，有"山高路险沟深"一句。

10 月 21 日晨，红军在吴起镇头道川两边的山岭上和沟道里布下了伏兵。敌马鸿宾骑兵团耀武扬威地过来了，当其进入红军的伏击圈时，彭德怀直接指挥，红军英勇作战，一下子干净利落地消灭了敌骑兵一个团，白凤翔骑兵团赶来，又迅速被打垮。红军乘胜追击，将敌骑兵另外三个团击溃。这一仗，抓获了大批俘虏，缴获了大批轻重武器和战马。战士们打扫战场，毛泽东在作战科长伍修权陪同下来到前线，心情异常兴奋，即兴作六言诗一首，称赞彭德怀：

山高路险沟深，骑兵任你纵横。

谁敢横枪勒马，惟我彭大将军。

彭德怀到毛泽东住处汇报作战情况，适逢毛泽东不在。他看到办公桌上放着毛泽东写的诗，是称赞自己的。他随手拿起笔将最后一句改为"惟我英勇红军"，然后离去。

1957年2月6日，《东海》文艺月刊编辑部致函毛泽东，说准备发表《给彭德怀同志》这首诗，并请毛泽东校阅诗稿。该信中将诗说成是在红军攻打腊子口战斗胜利后，毛泽东在发给彭德怀的电报中写的。毛泽东当时回了一封信：

> 编辑部同志们：
>
> 　　记不起来了，似乎不像。拉（腊）子口是林彪同志指挥打的，我亦在前线，不会用这种方式打电报的。那几句不宜发表。《东海》收到，甚谢！
>
> 毛泽东
一九五七年二月十五日

这首诗没有在《东海》文艺月刊发表，但《解放军文艺》1957年第4期给发表了，是由读者根据原冀鲁豫部队《战友报》1947年8月1日刊载的这首诗以来信形式提供的。人民文学出版社1986年12月出版的《毛泽东诗词选》收录了这首诗，字句上略有不同：

> 山高路远坑深，大军纵横驰奔。
> 谁敢横刀立马？唯我彭大将军！

　　——《毛泽东诗词集》，中央文献出版社1996年版，第44页。

参考资料：

　　① 《彭德怀自述》，人民出版社 1981 年版。

　　② 《毛泽东赞扬彭德怀一诗的背后》，《文史博览》2012 年第
6 期。

　　③ 王振江、曹文龙、郑满宇:《漂亮的吴起镇胜仗》，新华网。

雪天创伟词　保密近十年

　　长征一结束，新局面就开始。1935 年 12 月 27 日，在瓦窑堡的党的活动分子会议上，毛泽东作了《论反对日本帝国主义的策略》的报告，提出党的基本策略就是建立广泛的抗日民族统一战线，并极有说服力地论证了这一战略举措的必要性与可行性。在这个报告思想的指导下，成立了以周恩来为书记的东北军工作委员会，负责做张学良率领的东北军及杨虎城率领的西北军的工作，力争"西北大联合"，进而促成全国范围内的抗日统一战线的建立。

　　经过不多日的努力，与东北军、西北军的联系渠道打通了，陕北根据地的西北"边陲"基本上可保无犯，于是毛泽东就抓紧部署东征，兵出山西，开辟根据地，上华北抗日前线。

　　毛泽东亲率红军抗日先锋队从瓦窑堡出发，东渡黄河。1936 年 2 月 5 日，到达距黄河仅二十来里的清涧县的袁家沟。2 月 7 日，已下了一天的鹅毛大雪，仍在飘飘扬扬，漫天飞舞。毛泽东生平爱雪，现看到辽阔雄浑的北国雪景，纵目黄河上下，放眼长城南北，冰雪封盖，白茫茫浑无涯际，心情十分振奋，一时间，豪气如云，诗兴渐涌，就着住户的炕上小桌，写下了千古绝唱的《沁园春·雪》词：

　　　　北国风光，千里冰封，万里雪飘。望长城内外，惟馀莽莽；大河上下，顿失滔滔。山舞银蛇，原驰蜡象，欲与天公试比高。须晴日，看红妆素裹，分外妖娆。　　江山如此多娇，引无数英雄竞折腰。惜秦皇汉武，略输文采；唐宗宋祖，稍逊风骚。一代天骄，成吉思汗，只识弯弓射大雕。俱往矣，数风流人物，还看今朝。

——《毛泽东诗词集》，中央文献出版社1996年版，第44页。

　　以往，毛泽东写诗填词，无论是在马背上哼成的，还是在小油灯下写就的，一般都会出以示人，或给诗友陈毅，或被爱好诗词的同志拿走。这次不同，《沁园春·雪》写出之后，毛泽东却守口如瓶，秘而不宣者长达近十年，延安的不论是党内与之交往甚为密切的同志，还是文化艺术界与之交谈较多的朋友，都不知道他写了《沁园春·雪》词。如丁玲，她到延安不久即上了前线，毛泽东作《临江仙》词相赠，用电报发到了前线。后多次与丁玲交谈，有几次都是一边交谈一边用笔随手抄几首他自己作的诗词，随写随丢，有几首给了她。她提到《忆秦娥·娄山关》，她保存的有《贺新郎·别友》、《归自谣》，从未说见过《沁园春·雪》。如胡乔木，长期任毛泽东秘书，他在《胡乔木回忆毛泽东》（人民出版社1994年版）一书里，对延安整风、延安文艺座谈会，叙述得很详细，没有说见到过《沁园春·雪》。至于有人传言胡乔木写了咏雪词，不过是贬毛矮化毛的宵小之徒的梦呓。如萧三，毛泽东早年在东山小学堂，在湖南一师的同学。在延安时，他多次与毛泽东交谈，还准备写毛泽东青年时的传记，可他未说过当时见到过咏雪词。如谢觉哉，延安五老之一，"怀安诗社"重要成员，代毛泽东拟过挽续范亭的挽联。他在1945年12月14日的《日记》中说："柳册（指柳亚子纪念册——刘）上有毛主席初到陕北看大雪词沁园春。似未见过，录下。"在延安，毛泽东与许多文学艺术家有交往，论文学，谈艺术，如何其芳、刘白羽、欧阳山、草明、艾青、舒群、严文井、柯仲平等，他们在回忆延安生活的文章中，都未说在延安读过《沁园春·雪》。这一点，颇值得玩味。

参考资料：

  ① 《毛泽东年谱》上，人民出版社、中央文献出版社 1993 年版。

  ② 《胡乔木回忆毛泽东》，人民出版社 1994 年版。

饱经沧桑的《临江仙》

1.“洞中开宴会”

1933 年 5 月 14 日，著名左翼女作家丁玲在上海遭国民党特务绑架，旋即被幽禁于南京。由于共产党地下组织的暗中帮助，1936 年 5 月，丁玲逃出南京，并于同年 11 月到达共产党中央所在地陕北保安。

丁玲到保安后，受到党中央领导同志和文化界、妇女界的欢迎。中宣部特地举行了欢迎宴会。宴会是在一个四五十平方米的大窑洞里举行的，由宣传部长吴亮平主持。洞内共设四席，各代表济济一堂，毛泽东、周恩来、张闻天和中央其他领导同志分别在各席就座。丁玲被邀坐在首席，并作了即席讲话。她像一个从远方回到父母身边的孩子，激动地讲述自己在国民党监狱中的生活。接着是生动活泼别具一格的文艺表演，李克农、邓颖超站在一张土炕上清唱京剧《武家坡》，全场气氛倍增热烈。

2. 丁玲当红军，毛泽东赠词

当时，毛泽东曾问丁玲：“丁玲，你打算干什么？”丁玲毫不犹豫地回答说：“当红军。”毛泽东说：“好呀！还赶得上，你跟着杨尚昆他们的前方总政治部上前方去吧。”不久，丁玲就随红军去了陇东前线。

12 月上旬的一天，丁玲来到总政部，聂荣臻交给丁玲一张电报，说是毛主席专发给她的。丁玲接过一看，是一首词：

壁上红旗飘落照，西风漫卷孤城。保安人物一时新。洞中开宴会，招待出牢人。　　纤笔一枝谁与似？三千毛瑟精兵。阵图开向陇山东。昨天文小姐，今日武将军。

——《毛泽东诗词集》，中央文献出版社1996年版，第174页。

不久，丁玲回到延安，同史沫特莱去见毛泽东。毛泽东当时用毛笔书写了这首词，没有写词牌与题目，亦未标点，当面交给了丁玲。

3. 只有少数人传抄

这首词，当时并未公开发表，只有少数人传抄。朱正明撰文回忆说，他当时抄到了这首词(是从徐梦秋，还是从丁玲或别人那里抄来的，现在记不清楚了)。他不仅喜欢这首词，"而且认为是一件珍贵的史料，因为这词是当年毛主席赠给一位女作家的第一首词，而中国女作家得到这种荣誉的，丁玲是第一个人。"后来，他离开延安时，想法把这首词带了出来，保藏在故乡无锡的家中。抗战爆发，无锡沦陷，这首词随家中什物全遭掠走，荡然无存。他凭记忆将这首词抄在一张小纸条上，一直保存到新中国成立之后。由于人事倥偬，他未能将此词介绍出来，粉碎"四人帮"后，又怎么也找不着写有此词的小纸条了，只觉得悔恨无已。他多次冥思苦想，只记起了"保安人物一时新"一句。

4. 四十四年后才首次发表

1980年《新观察》第7期，首次发表了这首《临江仙》，是羽宏在一篇文章中介绍出来的。羽宏的文章题为《毛泽东同志一九三六年写给丁玲的一首词》，文章说：

在研究丁玲同志创作生涯的过程中，我翻阅一九三七年出版的一本外文刊物《今日中国》，里面有一篇美国人里夫写的《丁玲在西北》。文中说，毛主席有词一首赠丁玲。他的记述很简单。为了追寻这段已经遗失的尚不为人所知的珍贵文献，我访问了许多与此有关的人士，最后，我不仅得到这首词的全文，而且连手迹也找到了。原词如下（略）。

1939 年陕甘宁边河防，一度紧张，为了珍藏这份史料，丁玲当时把这首词及其他一些稿件，一并寄到重庆，委托胡风保存，至今已四十一年了。

《新观察》发表这首词时，还影印出了毛泽东书写这首词的手迹。

5. 胡风夫人话沧桑

胡风夫人梅志，看到《新观察》上的文章后，写了篇《四十一年话沧桑》的文章，叙述了《临江仙》词如何能保存至今的经过。现摘抄如下：

《新观察》1980 年第 7 期，发表了《毛泽东同志一九三六年写给丁玲的一首词》，文中说这首词的手稿，是丁玲 1939 年从延安寄到重庆，委托胡风保存的，至今已四十一年了。

这首词是怎样得以保存下来的呢？

回忆起来，那该是在 1939 年下半年吧，胡风忽然收到丁玲托人转来一包稿件，内中有一叠用精致的毛边纸横写的旧诗词。一看那龙飞凤舞的书法，胡风就惊呼了起来，是毛主席的亲笔！他看了又看，感到责任重大，应该遵丁玲之托好好地保存它，就把它装在办《七月》时自费印的牛皮纸信封里，并且在信封上用墨笔写上"毛笔"两个大字。当时他说如果我们被国民党特务逮捕抄家时，查出它来，就说这是用毛笔写的，别无他意，不至于让他们怀疑是毛主席写的，这样可能得以留下的。

从此这叠珍贵文物就藏在胡风用来装自己的稿件和朋友们的来稿的小皮箱中，一直随身携带着，躲警报时也由胡风亲手提着，放在最安全的地方。

胡风和我谈到,毛主席用"洞中"这一词真是神来之笔呀!因为当时红军长征刚到陕北不久,塞外的保安应是一个荒凉的只有窑洞的土城,不用窑中而用洞中,就使人眼前出现一片山清水秀的洞中乐府似的仙境了。同时他也感到毛主席对丁玲工作的重视,就如同是对所有文化人的重视一样,这也使胡风感到高兴和鼓舞。

皖南事变发生后,我们秘密离开重庆去香港。当时有一些文稿书籍,就准备放在亲戚处,这一珍物就夹在胡风的日记本中。我想到以后我们可能不再能回重庆,又怕发生别的事故,为了将来寻找方便,就在那信封上用钢笔写了两个小字"丁存"。这样就和日记本等重要文稿,留在重庆不致遭受敌机轰炸的远郊区亲戚家了。

1943年初夏,我们再度回到重庆,取回了存物,从日记本中又见到了这信封中主席诗词手稿。但当时仍只好由我们保存着。抗战胜利后,我们仍携带着它一同回了上海。

新中国成立后,胡风和丁玲又重逢了,在东北,在北京,他们虽常碰在一起,有过愉快的长谈,可谁也没有提到这件保存多年的共同珍视的文物。可能是新的感受太多,要做的事太多,暂时把它忘怀了。

一直到1953年下半年,我们举家搬到北京来了,我们才想起了这件曾受丁玲委托的事。我们把它从旧日记本中取出,放在胡风书桌的抽屉里,一直想找机会物归原主,亲自送还给丁玲。

之后,由于我们一直生活在不愉快之中,当然也就想不到这上面去,同时和丁玲也很少见面了。

1955年我们被捕后,它和书桌抽屉里的胡风的日记、书信、文稿及别的杂物一同被收查拿走了。它放在公安部的档案柜中,同样禁闭了十年有馀。直到1965年胡风被判刑后,它算是不在没收之列,要我去把它和其他不被没收的杂物一道领了回来。

当时我看到它，真是百感交集，说不出是什么滋味！公安部的人还问我："这是主席写的吗？恐怕是假的吧？"

我苦笑着回答说："不知道，是丁玲抗战时从延安寄重庆托胡风保存的。"

他们没有再说什么。我拿回来后一张张再从头看了一遍。但我怎能交给原主人呢？丁玲在哪儿呢？我们又只有再带着它被遣送到四川。它就一直在我们随身携带的皮包里放着。

1957年胡风再一次从我身边被押走了。这个皮包就成了我的负担，我检查了胡风留下的诗稿、文稿等，又对这装在信封里面的主席手迹感到为难了，这责任可重大呀！是上交呢？还是仍由我保存？上交，不行，那时整个国家都是乱哄哄的。保存也太难，好在我们从收到这个手迹后，从来没有向任何人谈起过，更没有让任何人看过。公安部虽然知道，又没把它当一回事，还认为是假的，所以完全是一个无人知道的秘密。因此最后我决定还是想法藏起来。我将它放在皮包的夹层里，上面放的是胡风的一大沓诗稿、文稿等杂物。1968年夏季，红卫兵造了我的反，抄了我的家，除了把衣物等翻得乱七八糟外，就将这皮包拎走了。我被训了一顿之后，就监视着我，要我收拾一下东西去劳动。这时我才发现那个皮包躺在地上没有人要，我走去拾了起来，里面是空空如也。所有存稿片纸不存了，夹层似乎未动。我吐出一口长气，心里像是放下一块石头。

我们留在劳改茶场的行李，不知经过多少次的搬迁和检查，最后于1973年初，由于送我到监狱去护理胡风，又来了一次大检查。因为要登记没收胡风财产、衣物、书籍等，和我的衣物书籍分开，搞了两三天，这一个皮包总算是网开一面，没有当做没收胡风的财物，而让我带走了。

这样，它在我们身边四五年，我们没有敢去惊动它，一直到粉碎"四人帮"之后，我把它拿了出来和胡风一同欣赏阅读，也就大胆地放在抽屉里了。但那时我们的心情真是百感交集啊!

1980 年的初夏,胡风因病情严重,党中央让他到北京来治病。病情稍好后,得友人来信询问,说丁玲同志谈到曾托胡风保存过主席的几首词。我对胡风说:"现在好了,该到物归原主的时候了!但我可好像记得仍留在抽屉里,那就只有等我们四川的行李运到时才能找出还她了。"

一次,我在带来的皮包中取胡风的材料,想了想,忽然记起我临离开监狱时,仍将那信封放回了皮包的夹层中,揭开一看,果然安然无恙地躺在那里。和胡风商量,他说:"这次要想法送还她,不能再耽误了,我们都是老人,已经保存了四十多年了呀!"

我于是即写一信,请中国作家协会转丁玲同志。信中说了一下情况,因为长期在皮包夹层里放着,四川山区又潮湿,有一张稍受潮有点破碎,所以我信中说:不能说是完璧归赵,总算是物归原主了……。

1980 年 11 月 26 日

参考资料:

①　丁玲:《魍魉世界》,湖南人民出版社 1987 年版。

②　颜雄:《激情无限怀遗篇——丁玲同志谈毛泽东同志〈临江仙〉词》,《湖南日报》1980 年 12 月 3 日。

③　朱正明:《关于〈长征记〉和毛主席赠丁玲词的情况》,《新文学史料》1982 年第 1 期。

④　梅志:《四十一年话沧桑》,《新文学史料》1982 年第 2 期。

诗贺《中国妇女》创刊

　　1939 年 6 月 1 日，中共中央妇女运动委员会主办的《中国妇女》杂志，在延安创刊，编辑部设在中国女子大学。在刊物筹备基本就绪后，妇女运动委员会的负责人孟庆树请毛泽东题写刊名和发刊词，毛泽东爽快地答应了。几天后，妇委会的同志去取时，毛泽东说："刊名写了三张，你们选一张用吧。发刊词我就不写了，你们自己写吧。为了表示祝贺，我写了一首打油诗，看能不能用？"诗曰：

　　　　妇女解放，突起异军，两万万众，奋发为雄。
　　　　男女并驾，如日方东，以此制敌，何敌不倾。
　　　　到之之法，艰苦斗争，世无难事，有志竟成。
　　　　有妇人焉，如旱望云，此编之作，仁看风行。

　　　　　　　　　　　　　　　　——题《中国妇女》之出版

　　妇委会的同志看了连声说："好！"、"好！"拿着题词高高兴兴地走了。
　　编辑部将毛泽东题诗的手迹制板，刊登在《中国妇女》第一卷第一期首页上。
　　在毛泽东一生中，以诗祝贺刊物的创办，这是唯一的一次。

参考资料：

① 孙国林:《延安时期毛泽东题写十一种报刊名和发刊词史闻》,《湘潮》(年月待查)。

② 《毛泽东年谱》中卷，人民出版社、中央文献出版社1993年版，第126页。

宴席间与黄炎培联句

抗战期间,黄炎培应沈钧儒之情,参观其子沈叔羊在重庆推出的画展。画展中有一幅画,画上有一把酒壶,几只杯子,写着"茅台"二字。沈钧儒请黄炎培就画展题词,黄炎培针对前几年国民党污蔑共产党在长征中途经茅台,纵容官兵在茅台酒厂酒池里洗脚的不实之词,题了一首讽喻意味甚浓的七言绝句:

> 喧传有客过茅台,酿酒池中洗脚来。
>
> 是假是真我不管,天寒且饮两三杯。

后来,这首诗流传到了延安,中共的领导人读了都颇感欣慰。黄炎培题了诗的这幅画被送到毛泽东手中,最后挂在延安杨家岭接待宾客的会客室里。

1945 年 7 月 1 日,黄炎培等六位国民参议员赴延安访问。第二天,毛泽东专门用茅台酒宴请黄炎培,周恩来、陈毅作陪。席间,陈毅提议饮酒联句,大家赞同。

毛泽东率先吟道:延安重逢喝茅台,

周恩来接着吟曰:为有嘉宾陕北来,

黄炎培念了自己过去诗中的一句:是假是真我不管,

陈毅也念了黄炎培过去诗中的一句:天寒且饮两三杯。

由于都熟知黄炎培的诗句,毛泽东听了黄、陈吟句后,连说:"不

算，不算，从头再来。"于是毛泽东又起句：赤水河畔清泉水，

　　周恩来续句：琼浆玉液酒之最，

　　黄炎培接句：天涯此时共举杯，

　　陈毅举杯一饮而尽，收句曰：唯有茅台喜相随。

　　吟罢，大家不禁相视，抚掌大笑。

参考资料：

　　① 《旧闻精品》总第 1246 期。

咏雪伟词动山城

1.尹瘦石画像　柳亚子索诗

1945 年，重庆谈判期间。

10 月 2 日，柳亚子应毛泽东之邀，偕尹瘦石赴红岩八路军办事处，拜会毛泽东。这天，毛泽东与柳亚子谈话的时间较长。柳亚子将自己对国共谈判、政治协商、目前形势，联合政府等问题的看法、疑虑、心情等，都向毛泽东谈了，像同老友谈心一样，毫无保留。毛泽东也像与老友谈心一样，一一对柳亚子作了分析，说了自己的看法，对柳有所鼓励和开导。这次交谈，柳特别高兴、激动，回到家里，乘兴写了两首七律，题为《毛主席招谈于红岩嘴办事处，归后有作，兼简恩来、若飞》。兹录其一：

> 得坐光风霁月中，矜平躁释百忧空。
> 与君一席肺肝语，胜我十年萤雪功。
> 后起多才堪活国，颓龄渐老意犹童。
> 中山卡尔双源合，天下英雄见略同。

这天，柳亚子还向毛泽东谈了要筹办一个"柳诗尹画"联展，展厅正面是毛泽东的《七律·长征》。还想有一幅毛泽东的画像。今天，带青年画家尹瘦石来，就是请他来为毛泽东画像的，还请毛泽东手书《长征》。毛泽东同意画像，不过，这天时间不够了，王若飞安排10月6号，请柳亚子和尹瘦石再来。

10月6日下午，柳亚子和尹瘦石来到了红岩村。毛泽东坐在一张藤椅上，足足有40多分钟，让尹瘦石细看细画。尹瘦石在画像之前，看了毛泽东的一些照片，10月2日那天，乘毛泽东与柳亚子谈话之际，仔细观察了毛泽东，今天画像时，很留意毛泽东的眼神、神采，还有他那非常人所能有的气度。画成，毛泽东看了表示认可。不过，柳请毛泽东惠赠《长征》诗手书，毛泽东没有写。

2. 书赠柳亚子《沁园春·雪》词

10月7日，毛泽东致柳亚子一信，并书赠《沁园春·雪》。

亚子先生吾兄道席

迭示均悉。最后一信慨乎言之，感念最深。赤膊上阵，有时可行，作为经常办法则有缺点，先生业已了如指掌。目前发表文章、谈话，仍嫌过早。人选种种均谈不到，置之脑后为佳。初到陕北看见大雪时，填过一首词，似于先生诗格略近，录呈审正。敬颂

道安！

毛泽东

十月七日

毛泽东派人将信和词送给了柳亚子。

自1936年2月7日创作出《沁园春·雪》以至于今，毛泽东一直秘而不宣，这是第一次录以示人。柳亚子是《沁园春·雪》的第一个读者。

柳亚子读了信和词，真是喜出望外，特别是词，他觉得雄风浩浩，

大气磅礴，其襟怀之广大，气概之雄伟，为历来诗词中所未见。他发现词是写在印有"第十八集团军办事处"的信笺上的，词的最后是一括号内写"沁园春"三字，没有签名盖章。第二天，柳亚子挟着一本册子去见毛泽东，请毛泽东将词写在册页上。毛泽东重写了词，有提款，签名。柳请毛盖章。毛泽东说："我没有带印章。"柳说："我送你一枚吧。"他回家请青年篆刻家曹立庵挑选了两块珍藏的寿山石，连夜构思奏刀，为毛泽东刻了两方印章：一方为白文"毛泽东印"，一方为朱文"润之"。曹立庵将两方印章送到柳家，柳用八宝朱红印泥在"毛泽东"三字的落款处钤上。柳将两枚印章送到红岩村去，未遇见毛泽东。直到 1946 年 1 月 28 日，毛泽东写信给柳亚子，特别提到这两枚印章。信中说："印章二方，先生的和词及孙女士的和词，均拜受了；'心上温馨生感激，归来絮语告山妻'，我也要这样说了。总之是感谢你，相期为国努力。"这可以说是有关咏雪词而及于篆刻的一段佳话。

3. 柳亚子和词、论词

10 月 11 日，毛泽东离渝回延安了。

之后，不几天，柳亚子写出了和《沁园春·雪》的词：

沁园春 次韵和润之咏雪之作，不尽依原题意也。

廿载重逢，一阕新词，意共云飘。叹青梅酒滞，余怀惘惘；黄河流浊，举世滔滔。邻笛山阳，伯仁由我，拔剑难平块垒高。伤心甚，哭无双国士，绝代妖娆。　才华信美多娇，看千古词人共折腰。算黄州太守，犹输气概；稼轩居士，只解牢骚。更笑胡儿，纳兰容若，艳想浓情着意雕。君与我，要上天下地，把握今朝。

这首和词，直到好多天之后才寄到毛泽东手中。

10 月 24 日，《柳诗尹画联展》在重庆的中苏文化协会预展。大厅正中挂着柳亚子的三件手书诗作，一幅中堂，是歌颂共产党、歌颂毛泽东的一首七律，两边各挂一件条幅，分别写了《赠毛泽东润之老友》诗和毛泽东《沁园春·雪》的和词。展厅的桌上陈列着柳亚子的诗词手稿，还有一本册页，上面有毛泽东写给柳亚子的《沁园春·雪》手迹，有柳亚子写的和《沁园春·雪》的词稿。25日，正式展出。《新华日报》发了预展消息，开辟由毛泽东题写的"柳诗尹画特刊"专栏，刊发了郭沫若、茅盾的贺词和柳亚子的两篇文章。毛泽东的咏雪词因之在重庆暗暗传开了。

联展结束后，柳亚子将毛泽东写在信笺纸上的《沁园春·雪》手迹和自己的和词书轴送给了尹瘦石。因为几天前，10月21日，尹瘦石对柳亚子说："柳老，你手上有两件毛主席的《沁园春·雪》的墨迹，送一件给我吧。我还想求你一件墨宝，就是和毛主席的那首词的手迹。"柳亚子慷慨答应了。

尹瘦石从柳亚子手中接过两件墨宝，小心翼翼地放在包内，接着说："我三生有幸，得以拥有这一唱一和的两件《沁园春》的手迹。我要把自己的书斋改名为'仰雪词馆'，再刻一枚'仰雪馆主'的印章。"柳亚子大声称赞道："妙，太妙了！"尹瘦石紧接着说："不过，还得有劳柳老写一段跋文，对这一唱一和的墨宝说明一下。"柳亚子欣然应允，写了一篇较长的跋文。兹抄如下：

> 毛润之沁园春一阕，余推为千古绝唱，虽东坡、幼安，犹瞠乎其后，更无论南唐小令，南宋慢词矣。中共诸子，禁余流播，讳莫如深，殆以词中类似帝王口吻，虑为意者攻讦之资；实则小节出入，何伤日月之明。固哉高叟，暇当与润之详论之。余意润之豁达大度，决不以此自歉，否则又何必写与余哉。情与天道，不可得而闻，恩来殆犹不免自郐以下之讥欤？余词坛跋扈，不自讳其狂，技痒效颦，以视润之，始逊一筹，殊自愧汗耳！瘦石既为润之绘像，以志崇拜英雄之概；更爱此词，欲

乞其无路以去，余忍痛诺之，并写和作，庶几词坛双璧欤？瘦石其永宝之。

　　　　　一九四五年十月二十一日，亚子记于渝州津南存寓庐。

这篇《跋》是第一篇评论《沁园春·雪》的文章，柳亚子是第一个评说《沁园春·雪》的诗人。

4. 吴祖光在重庆扔了颗"原子弹"

柳亚子写出和词后，便抄下毛泽东的词和自己的和作，送《新华日报》要求同时发表。报社负责人告诉柳，公开发表毛主席的诗词，是要向毛主席请示的，否则便不能发表。毛泽东已回延安，如请示则往返费时。再者，周恩来表示："毛主席本人不愿意教人们知道他能写旧体诗词，他认为旧体诗词太重格律，束缚人们的性灵，不宜提倡。"大概因此之故，柳亚子在前述《跋》文里，就说了一句"恩来殆犹不免自郐以下之讥"的话。经协商，《新华日报》在11月11日发表了柳亚子的和词。

柳词发表，引起了各方人士的极大重视。人们从柳词题后的"小序"中知道了毛泽东有首咏雪之作，于是便想方设法要读到原词，于是也就有了一些手抄本在私人之间流传。斯时，在重庆一家民营报纸《新民报晚刊》任副刊《西方夜谭》编辑的吴祖光，先从画家黄苗子处抄得毛泽东词稿，黄苗子则是从王昆仑处抄得的，但其中有些缺漏，吴祖光又从另外两处抄得，也都不是完全的词稿。吴把三处的抄稿凑合起来，终于得到了完整的《沁园春·雪》词。吴认为"从风格上的涵浑奔放来看，颇近苏辛词派，但是找遍苏辛词亦找不出任何一首这样大气磅礴的词作；真可谓睥睨六合，气雄万古，一空倚傍，自铸伟词。"他的唯一念头是在他编的《西方夜谭》上发表，因为"这样的稿件是可遇而不可求的最精彩的稿件，是无论如何也不能放弃的稿件啊！"友人劝吴祖光，一说毛泽东本人不愿意让人知道他写旧体诗词；

二举《新华日报》只发表柳亚子的和词为例。但吴祖光认为《新华日报》是中共报纸，当然应受党主席的约束，而他编的是一家民营报纸，发表这首词又有何妨？于是在 11 月 14 日的《新民报晚刊》第二版副刊《西方夜谭》上发表了这首咏雪词，标题是《毛词·沁园春》，并在后面加写了一段按语：

> 毛润之先生能词，似鲜为人知。客有抄得其《沁园春·雪》一词者，风调独绝，文情并茂，而气魄之大乃不可及。据氏自称则游戏之作，殊不足为青年法，尤不足为外人道也。

《沁园春·雪》的发表，好像在重庆扔了颗"原子弹"，顿时震撼了山城，并迅速影响到全国。

5. 蒋介石侍从室策划"围攻"

《沁园春·雪》一面世，立即在重庆的社会名流、文化人士中迅速传开，竞相阅读。有些对时事较为关注的人们，敏感地意识到，毛泽东在即将离开重庆时赠柳亚子咏雪词，绝不是一般的朋友之间的诗词唱和，而是有很深的政治用意。该词的下片，对蒋介石国民党的反讽意思，是明眼人一看就明白的。秦皇汉武，唐宗宋祖，都凭武力创建了国家统一的大业；"文采"、"风骚"，只是"略输"、"稍逊"，并非全无。成吉思汗，虽然"只识弯弓射大雕"，根本谈不上"文采"、"风骚"，可他毕竟是"一代天骄"，武功了得，望屋而食，横行天下。言外之意，你蒋介石算得什么？能跟秦皇汉武等相比吗？有他们那样辉煌的业绩吗？你既无"文采"，又缺"风骚"，论武功，成吉思汗，还能"弯弓射大雕"，你蒋介石内战内行，外战外行，抗日战场，兵败如山倒，一溃千里。你充其量不过一起起武夫，神气什么！"俱往矣，数风流人物，还看今朝。"这三句，颇有点像唐代骆宾王《为徐敬业讨武曌檄》一文的最后两句："请看今日之域中，竟是谁家之天下"，宣战的意味很浓。"俱往矣",都过去了,包括你蒋介石国民党,"数风流人物,还看今朝",人民的世纪来了,人民是这个世纪的主人。

蒋介石也看到《沁园春·雪》了。凭着他长期反共的政治敏感,觉得这首词是冲着他来的。特别是词的下片,非秦皇汉武,薄唐宗宋祖,低看成吉思汗,那他老蒋在毛泽东眼里算什么? 元首? 统帅? 什么也不是! 是可忍,孰不可忍? 他叫人找来侍从室主任陈布雷,想听听陈的看法。陈布雷来了。蒋介石尽量心平气和显得大度地问:"布雷先生,你看了毛泽东的咏雪词,怎么看?"陈布雷虽然在蒋介石身边办事多年,且深得蒋的信任,但多少保留了一些书生气,他按自己读词后的感受说:"气势磅礴,雄视百代,'一空倚傍,自铸伟词',是难得的好作品。"蒋问:"是他写的吗?"陈说:"据我所知,毛泽东对中国古代历史和古典文学都很精通,学生时就能作诗填词,这首词应该是他写的。"蒋对这回答不满,提高了一点声音说:"未必就没有不尽如人意之处吗? 比如对历史人物的评说。"陈说:"因为是写词,也只能这样说了。"蒋动气了:"我看他有帝王思想! 他连秦皇汉武,唐宗宋祖都看不起。"说着说着,蒋爆粗口了:"娘希匹! 他不是来谈判的,是来称王称霸的。你赶快去组织人写文章批他的帝王思想;写词,写出上好的词,压倒他。"陈当然只好照办。于是由蒋介石侍从室人员阴谋策划,发动了对《沁园春·雪》的围攻。

国民党当局对主管新闻方面的官员大加训斥,派国民党行政院新闻局副局长邓友德向《新民报》施加压力。邓友德说《新民报》发表毛泽东的词"是为共产党'张目',向共产党投降"。邓还私下对《新民报》总经理说:"老兄! 你们倒好玩,我们的日子不好过呀!"

国民党中央宣传部直接召开会议,布置他们直接控制的报刊同时以"和词"的形式,对咏雪词进行围攻。当时决定由《中央日报》的主笔兼副刊编辑的王新命负责组稿。搞了几天,来稿极少,且不像样,计划破产。王新命只得化名"东鲁词人",写出一首"和词",于1945年12月4日《中央日报》副刊登出:

沁园春　次毛润之《沁园春》词韵

　　抗战军新，受命立功，拥纛东飘。当徘徊歧道，中夜惘惘；悚心怵目，举世狂潮。寇患方深，阋墙难再，回首中原烽火高。却倒戈，看杀人掠地，自炫天骄。　　山河美丽多娇，笑草莽英雄亦折腰。想翼王投笔，本矜才藻；押司题壁，夙擅风骚。惜误旁门，终虚正果，勒马悬崖着意雕。时未晚，要屠刀放下，成佛今朝。

　　这首词，颠倒是非，歪曲历史，吹捧蒋介石，诋毁毛泽东，要革命人民放下武装，可算是反动透顶。

　　由国民党军事委员会办的《和平日报》（原名《扫荡报》）也于12月4日发表了易君左写的《沁园春》"和词"：

　　国脉如丝，叶落花飞，梗断蓬飘。痛纷纷万象，徒呼负负；茫茫百感，对此滔滔。杀吏黄巢，坑兵白起，几见降魔道愈高？明神胄，忍支离破碎，葬送妖娆。　　黄金难贮阿娇，任冶态妖容学细腰。看大漠孤烟，生擒颉利；美人香草，死剩《离骚》。一念参差，千秋功罪，青史无私细细雕。才天亮，又漫漫长夜，更待明朝。

　　这帮蒋集团的御用文人，在词中一方面哀叹蒋介石国民党政权已"支离破碎"，"梗断蓬飘"，表现出满怀的日暮途穷、衰败破亡的情绪；一方面又极端仇视人民革命，幻想蒋帮政权能于"明朝"扑灭革命力量。

　　反动的《益世报》同样于12月4日发表了一个反动文人写的题为《沁园春·吊北战场》的"和词"，通篇谩骂，气焰嚣张。由国民党行政院文官长吴鼎昌控制的《大公报》，于11月28日以带有"示众"意味转载了毛泽东的咏雪词和柳亚子的和词之后不久，从12月8日至12日，抛出一篇题为《我对中国历史的一种看法》的长文，攻击《沁园春·雪》是"述怀之作"，有"帝王思想"。在不长的时间内，国民党控制的报刊连续发表所谓"和词"近三十首，文章十馀篇，王婆骂街，群犬吠日，大肆"围剿"毛泽东的咏雪词。

6. 郭沫若率先反击

重庆的文化界进步人士，对国民党当局的这种行径非常气愤，立即反击。郭沫若率先挺身而出，于 12 月 11 日《新民报晚刊》发表了他的第一首和词《沁园春·和毛主席韵》：

> 国步艰难，寒暑相推，风雨所飘。念九夷入寇，神州鼎沸；八年抗战，血浪滔滔。遍野哀鸿，排空鸣鹏，海样仇深日样高。和平到，望肃清敌伪，解除苛娆。　　西方彼美多娇，振千仞金衣裹细腰。把残钢废铁，前输外寇；飞机大炮，后引中骚。一手遮天，神圣付托，欲把生民力尽雕。堪笑甚，雪狙公芧赋，四暮三朝。

这首词一发表，立即引起国民党当局的重视，其御用刊物《新闻天地》第 11 期发表危涟漪的文章，惊呼郭沫若的词是"借题发挥其'反美'之思。"

接着，郭沫若发表了第二首《沁园春》和词：

> 说甚帝王，道甚英雄，皮相轻飘。看古今成败，片言狱折；恭宽信敏，无器民滔。岂等沛风，还殊易水，气度雍容格调高。开生面，是堂堂大雅，谢绝妖娆。声传鹦鹉翻娇，又款摆扬州闲话腰。说红船满载，王师大捷；黄巾再起，蛾贼群骚。叹尔能言，不离飞鸟，朽木之材不可雕。何足道，纵漫天迷雾，无损晴朝。

由于郭沫若带头反击，重庆许多进步人士纷纷响应，如《新华日报》、《新民报晚刊》、《大公晚报》、《国民公报》、《新蜀报》、《民主星期刊》等报刊，都刊载了进步的和词和文章，重庆因之出现一场围绕着毛泽东的《沁园春·雪》，以《沁园春》唱和词的形式展开论战的激烈斗争，从而形成了中国现代文化史上、文学史上的一大奇观。无论从政治的、文化的角度，这一奇观都是值得重视并予大书一笔的。

7. 陈毅远距离向重庆"开炮"

1946年初，在华东解放区的陈毅，正率领华东人民解放军进行对敌斗争。他获知重庆以《沁园春》唱和形式所展开斗争的情形后，于戎马倥偬之中，连续写了三首《沁园春》，捍卫毛泽东的咏雪词，痛击那些反动的唱和文字。兹录其中一首：

沁园春 斥国民党御用文人

毛柳新词，投向吟坛，革命狂飙。看御用文人，谎言喋喋；权门食客，谵语滔滔。燕处危巢，鸿飞寥廓，方寸岑楼怎比高？叹尔辈，真根深奴性，玷辱风骚。　自来媚骨虚娇，为五斗纷纷竞折腰。尽阿谀独夫，颂扬暴政；流长飞短，作怪兴妖。革面洗心，迷途知返，大众仍将好意招。不如是，看所天倾覆，殉葬崇朝。

这首词晓畅如话，正义堂堂，对国民党的御用文人有驳斥，有揭露，也有劝诫和警告，这不啻向国民党营垒发出了重重的一炮。

8. 毛泽东的反应

重庆谈判签字后，周恩来和王若飞留在重庆，继续与国民党谈判。王若飞对围绕着《沁园春·雪》词以唱和形式开展的斗争甚是关注。12月7日，他给在延安的舅父黄齐生老先生写了一信，说"毛主席的《沁园春》词（咏雪），此间和者甚多，真是一首好词。"信中还抄有柳亚子、钱拯等的和词。此后不几天，王若飞将载有《沁园春》和词的一些报刊寄给了毛泽东。黄齐生读了王若飞的信后，心有所感，填了一首和《沁园春》的词，并送呈毛泽东。

兹将黄词抄如下：

沁园春

六十晋七感咏，盖读毛、柳、钱、谢诸公之作而学步也。

竟夜思维，半世生涯，转类蓬飘。念圣似尼山，源称混混；隐如桀溺，乱避滔滔。教橐"津门"，师承"南海"，许以梁、谭比下高。羞怯甚，笑无盐嫫母，怎解妖娆。 不识作态装娇，更不惯轻盈舞秀腰。祇趣近南华，乐观秋水；才非湘累，却喜风骚。秋菊春兰，佳色各有，雕龙未是小虫雕。休言老，看月何其朗，气何其朝。

二十九日，毛泽东回黄齐生一信：

黄老先生道席：

新词拜读，甚感盛意！…敬祝六七荣寿，并颂新年健康！若飞寄来报载诸作，付上一阅，阅后乞予退还。其中国民党骂人之作，鸦鸣蝉噪，可以喷饭，并付一观。

毛泽东
十二月十九日

信中所谓"国民党骂人之作"，就是指那些攻击《沁园春·雪》的反动"和词"。毛泽东将其一律比为"鸦鸣蝉噪"，只能令人"喷饭"（大笑）而已。国民党那些低能的御用文人，又何曾读懂了咏雪词，何曾看出咏雪词中那隐秘着的"反封建主义，批判两千年封建主义的一个反动侧面"，从而否定蒋介石国民党独裁统治地位的诗旨呢？

9. 蒋介石又棋输一着

蒋介石策划发起对毛泽东的《沁园春·雪》的围攻，以为可以压低毛泽东的形象，抵消毛词在重庆的政治影响，谁知又棋输一着，社会效果适得其反。正所谓"不因渔父引，那得见波涛"，有了国民党御用文人用《沁园春》唱和词形式对毛词的围攻，就有了重庆进步文化界人士以《沁园春》唱和词形式的反击。这一唱和之争的第一社会效应，是使得越来越多的人去读毛泽东的咏雪词，不仅重庆的众多文人、社会名流争相阅读，连许多稍有点文化的人也都去阅读。凡载有毛词的报刊，都一抢而空，一时"洛阳纸贵"，街谈巷议，好评连连，推崇备至。且不说柳亚子、郭沫若、吴祖光等对咏雪词极为推崇，就连被称为蒋介石"文胆"的陈布雷也说咏雪词"可称盖世精品"。许多人以前只知道毛泽东能搞政治，会打游击，现在更知道毛泽东是一位襟怀广阔，才华卓绝的大诗人，对毛泽东满怀倾慕、崇敬之情，政治上信任的砝码也随之移向了毛泽东，移向了中共。他们同时从咏雪词中看出毛泽东对蒋的鄙薄与藐视，认为蒋确实只是一介武夫，只会搞特务政治。蒋介石的价码于是大为跌落。蒋介石真是搬起石头砸了自己的脚。

参考资料：

① 柳亚子：《关于毛主席咏雪词的考证》，《文汇报》1951 年 1 月 31 日。

② 吴祖光：《话说〈沁园春·雪〉》，《新文学史料》1978 年第 1 期。

③ 尹凌：《忆〈沁园春·雪〉的发表》，《重庆日报》1987 年 1 月 30 日。

④ 包立民：《柳亚子评说〈沁园春·雪〉》，《文艺报》1987 年 5 月 16 日。

⑤ 李清华:《雾都较量》,中央党校出版社 1994 年版。

⑥ 黄中模:《毛泽东咏雪词〈沁园春〉词话》,山西人民出版社 2004 年版。

⑦ 石玉坤、张树德:《诗词为媒:毛泽东与柳亚子》,中央党校出版社 1999 年版。

打油诗赞驾机起义人员

1946 年 6 月 26 日下午三时左右，延安上空响起了飞机声，声音越来越大，连房子都似乎有震感。好多人跑出来看，只见飞机打了个盘旋，稳稳地降落在延安的飞机场。原来是国民党空军第八大队三十五中队机长刘善本上尉，驾驶美国造的最新型的 B24 式 530 号轰炸机起义，飞来延安了。

刘善本，山东昌乐县三白庄人。1932 年考入北大附中，1935 年毕业，抱着"航空救国"的想法，考入国民党笕桥航空学校。在校期间，他读了斯诺的一篇《共产党领袖毛泽东访问记》，被毛泽东的抗日理论所感动，后来通过听延安的广播，他的心一步步向延安靠拢。1946 年 6 月 26 日，刘善本被任命为蒋介石的专机"美龄号"的机长。这天早晨，刘善本驾驶远程轰炸机从昆明起飞，将美军移交给国民党的军用器材运往成都后，在从成都返回昆明的途中，他利用这一机会，中途驾机起义，飞来延安。

这一天，正是被认定为蒋介石国民党向解放区发动全面进攻，"内战"全面开始的一天。刘善本在这一天驾机起义，意义重大，党中央毛泽东相当重视。两天后，毛泽东亲自接见了刘善本。毛泽东很热情地伸出手来，刘善本紧紧握着毛泽东的手说："毛主席，我终于到你这边来了。"毛泽东亲切地说："欢迎！"、"欢迎！"顺口溜了首"打油诗"作欢迎词：

刘善本，性本善，

驾机起义反内战。

在场的人们都鼓掌，接见的气氛热情活跃。

朱德总司令也接见了刘善本，说在东北建航空学校，请刘善本去当教员，为建设人民空军作贡献。

刘善本起义时没有告诉家人。当时在上海有他的母亲，三个弟弟，一个妹妹和一个三岁的女儿，妻子周淑瑛又有了身孕。刘到延安后，表示要在延安广播电台发表讲话，反对内战。毛泽东得知后，亲自找到刘善本谈话，告诉他周副主席正设法营救他的家人，让他一周后发表讲话。刘善本深受感动。后来，他的家人在中共营救下，全部脱险。

参考资料：

① 葛安：《"美龄号"机长刘善本：反对内战驾机起义的"领头雁"》，《文史月刊》2008年第4期。

恍若塞上行

1947 年 3 月 31 日，党中央兵分三部：一部，刘少奇、朱德、董必武率领；一部，叶剑英、贺龙率领，向东，过黄河；一部，毛泽东率中央机关留在陕北，主持中央工作。当天，毛泽东离开清涧县的枣林子沟，经田庆转移到子洲县邱家坪。为保密起见，毛泽东率领的这一部改名"三支队"，毛泽东化名"李德胜"，周恩来化名"胡必成"，任弼时化名"史林"，陆定一化名"郑位"。为隐蔽部队，防敌机侦察、轰炸，只能昼伏夜行。从四月一日至五日，天天夜行军，有时走过山沟坎坷、黄沙漫漫的丘垅，有时连夜翻四五十里的大山，加之又一连两天天阴，老黄风吹个不停，卷着黄沙细土漫天飞扬，川道风吹得呜呜叫，带着沙尘，刮得人睁不开眼。一天，正要夜行翻山，找到当地两位老乡带路。因为敌人正向"三支队"逼近，两位老乡很紧张，正准备带家属小孩往后沟转移，坚持说不知道路。这时，毛泽东从窑洞里出来了。他先给两位老乡一人一支烟，对他们说："你们不要怕，我们都是一家人。我们来到这里，给你们添麻烦了。现在我们不知道路，请你们帮助，把我们送过山去。有了村庄，找到老乡后，一定叫你们回来。"

两位老乡一见到毛主席，脸上立刻露出惊喜的笑容，一齐说："好，好！我们一定给你们带路，你们叫我们带到哪里，我们就带到哪里。"

当时，在毛泽东身边的警卫排长阎长林估计，老乡可能认出了毛主席。

部队很快集合，出发了。

阎长林问两位老乡："你们给我们带路，家里有事没有？"

老乡说："没有关系，他们都在山沟里，那里人多呢。"

阎长林指着不远处问他们："你们认识那个骑马的人吗？"

老乡笑了："大概认识。"

阎长林又问："他是谁呀？"

老乡笑着说："反正是首长吧。"

阎长林说："你们回来不要对别人说，军事行动一定要保密。"

老乡非常严肃地说："你放心吧，我们绝对保密，将来到我们说的时候才会说呢。"其中一个人说："我是民兵中队长，领导叫我们几个人，在这个山沟里保护公粮库和妇女小孩的安全的。现在送你们更重要，这里还有两个民兵班，没有问题。"

阎长林非常感激地向两位老乡道了谢。

毛泽东这年已 54 岁，不久前病过一场，健康尚未完全恢复，在这样恶劣气候条件下行军，实在是非常艰难。他又执意不肯躺担架，警卫员扶他上马，可这样的天气骑马更不轻松。他同战士们一样，徒步行军。

4 月 6 日，"三支队"在靖边县青阳岔住了下来。在这里，毛泽东写了一首五言律诗，叙述和抒发了他这几天夜行军的情景与感受，题为《张冠道中》：

朝雾弥琼宇，征马嘶北风。

露湿尘难染，霜笼鸦不惊。

戎衣犹铁甲，须眉等银冰。

踟蹰张冠道，恍若塞上行。

——《毛泽东诗词集》，中央文献出版社1996年版，第180页。

参考资料：

① 阎长林：《我的警卫笔记》，中国青年出版社 2010 年版。

"毛泽东由此上山"

　　1947 年 8 月 1 日清晨，因奉胡宗南命令北进的刘戡所部第二十九军迫近，毛泽东率中央机关告别小河村，沿大理河畔向东进发，开始长途行军。

　　陕北八月的天，说变就变，上午还是红日高照，晒得人口干舌燥，傍晚时分，陡然雷电交加，倾盆般的大雨淋头盖脑地泼泻而下，打得人们睁不开眼。毛泽东等一行人摸摸滑滑、跌跌撞撞行进，天亮时分，来到佳芦河边。一夜大雨，佳芦河一下子比往常宽了许多，浊浪汹涌呼啸，挡住了前进的道路，而数万敌兵，也正朝这里压来，相距不过二十多公里。咋办？毛泽东决定改变行军路线，朝西北方向走，部队上山。这里山大，又高又陡，十分险峻，但为了保密、安全，任弼时吩咐后面的部队把上山的痕迹搞掉。毛泽东说："搞什么？就在这里竖块牌子，写上'毛泽东由此上山'，我看那些蠢货也毫无办法。"一句话，把大家都逗笑了。他总是这样，越是在危急时刻，他越是显得幽默潇洒。

　　部队登到山顶。这时，浮云完全散去，天空一碧如洗，明净澄澈，近岭葱绿溶溶，远山如黛含烟，黄河像一条银色的飘带，闪着亮光，从崇山峻岭间龙蟠蛇行而来……多么美丽壮观的风景！大家都被这景色所吸引，所陶醉，一夜的行军疲劳，全被这景色消融了。被战友们戏称为诗人的警卫战士石国瑞，此时此刻真的吟起诗来："黄河在向我们招手……"

　　毛泽东听见了，走过来笑着问："石国瑞，你又想过黄河了？"

　　石国瑞有些不好意思地说："我们在做诗哩。"

毛泽东很有兴趣地说："哦，有这个兴致，很好。'山路风来花木香'，这美的景色，该有诗，我们在这儿休息一会儿，听你吟诗吧。"

石国瑞低头思索了一会儿，接着便抬起头来，面对黄河朗诵道：

> 黄河在吼，
> 它微笑着向我们招手。
> 啊，亲爱的毛主席，
> 过黄河吧，
> 河东要比河西安全！
> 我们也向黄河招手，
> 黄河，你不用担心，
> 这里有我们的野战军，
> 还有千百万的老百姓，
> 既顺利，又安全！

石国瑞刚一停，大家都鼓起掌来，毛泽东也笑了，说："诗作得很好，可惜没个结尾，还该加上几句。"说着，便念道：

> 我们打败了胡宗南，
> 再拜托你，
> 把我们送到东岸！

部队起程了，战士们一边走，一边放声高唱《黄河颂》："我们站在高山之巅，望黄河滚滚，奔向东南……"

参考资料：

① 陈四长、郭洛夫：《艰难的转战》，军事科学出版社1993年版。

"风物长宜放眼量"

1. 柳亚子牢骚，毛泽东劝慰

1949 年 3 月 23 日，小山村西柏坡沸腾起来了，村里村外，停了 20 多两小卧车、吉普车和大卡车，挤满了人。毛泽东和他所率领的中共中央机关，要起程进北平去。

25 日凌晨，毛泽东抵达北平。下午三时举行入城仪式，并检阅部队。北平各界人民代表和民主党派、民主人士和机关干部代表，早早来到西苑机场。柳亚子和沈钧儒、陈叔通、黄炎培等也赶赴机场。

毛泽东与各界人士见面，与柳亚子、郭沫若、李济深等一一握手，并合影，检阅部队。

当晚，毛泽东在颐和园益寿堂宴请民主党派、人民团体和无党派人士代表，柳亚子等列席参加。柳亚子非常高兴，即席赋诗数首，有一首回忆了他与毛泽东的交往。

不几天，毛泽东接到柳亚子 3 月 28 日写的一首七言律诗，题为《感事呈毛主席》：

开天辟地君真健，说项依刘我大难。
夺席谈经非五鹿，无车弹铗怨冯驩。
头颅早悔平生贱，肝胆宁忘一寸丹。
安得南征驰捷报，分湖便是子陵滩。

　　毛泽东一看，就知道这位老先生又发牢骚了，而且牢骚还不小。柳诗的大意是，第一句，推崇毛泽东，第二句说为别人说奉承话，投靠别人我做不到。第三句说自己有真才实学，第四句说自己待遇不好，出门没车坐，第五、六两句好理解，第七、八两句是说自己的家乡一解放，就回家去，学东汉严子陵去钓鱼。毛泽东没有及时回音，一是想了解一下，柳亚子究竟因哪些事牢骚，二是他特别忙。要说毛泽东当时的忙，现在的人们很难以想象得出。还有大半国土亟待解放军去解放，国共和谈，百万雄师过大江，各方面知名人士的接待、拜访，各条战线、各大部门筹备、建立，新解放区的工作……真可以说是忙极了，忙到怎么也难以说清的地步。单说南京解放那几天，毛泽东身边的几个卫士一起计算了一下他的活动时间，从 4 月 20 日上午，三天共吃了三餐饭，只睡了两个多小时。他该有多忙！到了 4 月 29 日，毛泽东硬是挤出时间，回答柳亚子。他拿出柳诗再看，看着看着，觉得似曾相识，想起了曾读过柳的一首诗。那是 1912 年 1 月，时柳亚子任大总统府秘书，对正在酝酿中的南北议和与拟推袁世凯为大总统不满，又无力改变现状，于是写了一首诗，诗题是《感事》。诗曰：

> 龙虎风云大地秋，酸儒自判此生休。
> 功名自昔羞屠狗，人物于今笑沐猴。
> 痛哭贾生愁赋鹏，飘零王粲漫依刘。
> 不如归去分湖好，烟火能容一钓舟。

　　毛泽东对柳亚子的为人，柳的秉性深有了解，对柳的革命的进步的一面，曾给予了充分的肯定与赞扬，对柳的"狂奴故态"的一面也是意识到了的。一比较，两首"感事"诗的内蕴差不多，有的句子几乎相同。万一柳这一次又真的像上次"不如归去分湖好"那样回老家去了呢？不仅对不住老朋友，还会对统一战线产生不利影响。他于是写一首诗回赠柳亚子，劝慰这位老朋友。这就是极负盛名的《七律·和柳亚子先生》：

> 饮茶粤海未能忘，索句渝州叶正黄。
> 三十一年还旧国，落花时节读华章。
> 牢骚太盛防肠断，风物长宜放眼量。
> 莫道昆明池水浅，观鱼胜过富春江。

——《毛泽东诗词集》，中央文献出版社1996年版，第79页。

一二句叙与柳相交有年的情谊，三四句说在北平的美好时节读到柳的大作，五六句深情地劝慰、开导柳，最后两句请柳留下，在北平比回家好。毛泽东派人将和诗送去柳亚子住处。

再看柳亚子。1949年3月18日到北平，受到叶剑英为代表的党中央和北平市人民的热烈欢迎，当晚，被安排住进六国饭店。柳写了几首表达欢欣鼓舞心情的诗。25日，柳到西苑机场迎接毛泽东，与毛握手、合影。当晚，参加毛在颐和园的宴请。柳高兴异常。27日晚，柳在国民大戏院观看大秧歌舞，很兴奋，写有诗。到了28日，怎么就写诗大发牢骚呢？这有两方面的原因。一方面，据说柳到北平的第二天向有关人员要车去碧云市吊谒孙中山衣冠冢，没车；柳对第一次文代会筹备处未能给他如愿安排不满。一方面与柳的思想性格有关。柳虽是一生追求民主进步的爱国者，但也未能免俗，当其想得到的待遇、地位不能如愿时，便牢骚大发了。深知柳的为人的王学庄说："作为诗人，柳亚子感情洋溢，易于冲动，喜怒哀乐皆形于色。由于这一点，他常常表现出一种'狂奴故态'，或者效灌夫之骂座，或者傲然不可一世，不是'世无馀子'，便是'天下英雄惟使君与我'。他还有许多旧式士大夫习气，道之不行便乘桴以去。辛亥反袁妥协失败后的归隐，大革命中要求除蒋不成后的消极，新中国成立前夕咏叹的'分湖便是子陵滩'，都是这种习气的表现。"这说得中肯，实在是知人之论。

29 号这天上午，柳亚子去了颐和园，回到家即得到毛泽东的和诗，读后，大为感动，从和诗里得到了极大的安慰与开导。他连写两律，以抒读后感受。第一首题为《得毛主席惠诗，即次其韵》，尾联云："昆明湖水清如许，未必严光忆富江"。兹录第二首《叠韵寄呈毛主席一首》：

> 昌言吾拜心肝赤，养士君倾醴酒黄。
> 陈亮陆游饶感慨，杜陵李白富篇章。
> 离骚屈子幽兰怨，风度元戎海水量。
> 倘遣名园长属我，躬耕原不恋吴江。

柳亚子十分喜爱毛泽东的和诗。正因如此，在从 4 月 29 日至 7 月 20 日这段时间里，柳亚子步毛泽东和诗原韵写了不少诗，仅见于《柳亚子诗词选》中的就有 19 首，这确实难能可贵，在诗史上，这现象怕也是绝无仅有的。

2. 与柳亚子游园论诗

5 月 1 日下午，柳亚子得知毛泽东要来颐和园看望他，并同他一起游园，心情十分激动。当毛泽东乘坐的汽车来到颐和园东门时，柳亚子已在那里恭候了。毛泽东一下汽车，柳亚子趋步上前，与毛泽东紧紧握手。

有感于百万大军过长江，解放了南京，摧毁了蒋家王朝，柳亚子举起拳头，心情激动地向着毛泽东说："共产党伟大！解放军伟大！毛主席伟大！"

毛泽东说："我们是老朋友了，不要夸奖了。人民伟大！包括你，也包括我。"

5 月的颐和园，春意盎然。万寿山上，翠柏青翠欲滴，与金黄色的古建筑群交相辉映。昆明湖水碧波荡漾，岸上绿柳依依。毛泽东拉着柳亚子的手，两人肩并肩，兴致勃勃，亲切地交谈着，向益寿堂走去。他知道柳亚子大自己六岁，怕柳体力不支，到了益寿堂，提议休息一下。他们在益寿堂坐下，品着清茶，继续交谈着。

毛泽东说："柳先生有清醒的政治头脑，是一位政治家，也是一位诗人。你写的诗，我爱读，有意义。有千百万读者喜欢你的大作，我就是这千百万读者中的一个。"

柳亚子说："我写的是老一套。我很想写与现实生活紧密结合的诗，但是很不成功，我自己也不满意。最近，我拜读了主席的诗词，心里真是痛快。这些诗词通俗易懂，而且寓意深长。"他说着，翘起大拇指连声说："伟大！伟大！"

毛泽东说："今天你高兴，我也高兴。去游湖吧。"

柳亚子也说："好。游湖。"

昆明湖，水光潋滟，碧波万顷，十七孔桥如白虹卧波，楼阁飞檐的巨大石舫凌虚击浪，绿柳环堤，隐隐迢迢。北平解放后的第一个五一劳动节，颐和园内游人如潮，湖上游艇如梭。毛泽东和柳亚子乘一艘画舫，轻划慢荡，品茗畅谈。谈到解放战争，谈解放南京的胜利，毛泽东诙谐地说："柳先生现在可以赤膊上阵发表文章讲话了。现在与蒋介石时代不一样，你的人身安全是有保障的，你的意见会受到尊重的。"

"赤膊上阵"，是他们两人间的一个典故。重庆谈判时，柳亚子向毛泽东提出了比较激进的建议。毛泽东在给他的信中劝告说："赤膊上阵，有时可行，作为经常办法则有缺点，先生业已了如指掌。目前发表文章、谈话，仍嫌过早。"

旧话重提，柳亚子十分兴奋："我一定按照毛主席说的去做，我要尽力做一些对人民、对政府有利的工作。"

临别时，毛泽东对柳亚子说："今天是我们第一次游颐和园，也是第一次看到有这么多群众游园，柳先生高兴，我也高兴。"

毛泽东乘车返回香山双清别墅。

当天，柳亚子有感而作《偕毛主席游颐和园有作》七律一首。诗题后有一小序：

十日昼寝方酣，忽闻毛主席偕夫人江青女士，暨女公子李讷见访，遂起延接，尽出近作相质；复出门游园，联步过长廊，乘画舫游昆明湖，一周而返，客去时则已薄暮矣，追忆一首。

朽木难雕午梦忘，衣冠颠倒讶苍黄。
南阳讵敢劳三顾，此地犹堪赋百章。
挈妇将雏都磊落，同舟联步费商量。
名园真许长相借，金粉楼台胜渡江。

3. 请柳亚子作客论诗

5月5日，北京城天气格外晴朗。这天，是马克思诞辰130周年，又是孙中山在广州就任临时大总统的日子。为了满足柳亚子去香山碧云寺拜谒孙中山衣冠冢的心愿，毛泽东派秘书田家英率卫士开两辆车到颐和园接柳亚子及其夫人等，到碧云寺谒孙先生灵堂及衣冠冢，并派了摄影师随同，为他们摄影留念。

柳亚子返回香山，毛泽东在门外迎候。

落座后，毛泽东说："这次专门谈诗。"

柳亚子喝了口茶，说："古代诗中，以山水诗居多。第一个大量写山水诗的人是谢灵运。他当推为写山水诗的鼻祖。"

毛泽东点点头说："对。这个人出身望族，但政治上很不得意，只得寓情于山水间了。这一点，我与这位谢康乐有相似之处，我们都好游历。"

柳亚子问："他的《登池上楼》，主席有印象否？"

毛泽东答："大约还记得些。"

柳亚子说："这首诗佳妙之句'池塘生春草，园柳变鸣禽'，有人称为梦中之笔，一个'生'字，一个'变'字，把久违的春色写活了，而且把诗人内心的欣然惊奇之感写了出来。这首诗全篇艰深雕琢，惟这两句朴实生动，真是神来之笔！有人说谢灵运的诗'有句无篇'，怕是有道理的。"

毛泽东以政治家的审美烛照，看出诗中所反映的作者的矛盾心情。他说："谢灵运这首诗，通篇反映出他内心的矛盾，'进德智所绌，退耕力不任'，足见其矛盾，这恐怕与他的身世、境遇有关。他出身望族，自视很有本领，但一生不受重用，这首诗反映出他郁郁不得志的心情。想当大官而不能，所谓'进德智所绌'；做林下封君又不愿意，'退耕力不任'，说是种田没有力气。这个人一辈子生活在这个矛盾之中。"

他们还论及隋朝诗人薛道衡《昔昔盐》、宋代诗人苏轼《题惠崇春江小景》等诗篇，并谈到其中"空燕落梁泥"和"竹外桃花三两枝，春江水暖鸭先知"等名句。

中午，宴请柳亚子，作陪的有朱德、秘书田家英，还有江青及女儿李讷。毛泽东将上述"池塘生春草"、"空燕落梁泥"、"竹外桃花……"等句写在柳的《羿楼纪念册》上，并写一题记："一九四九年五月五日柳先生惠临敝舍，曾相与论及上述诸语，因书以为纪念。"

柳亚子说这次与毛主席"谈诗论政，言谈极欢，自撰出生六十三龄，平生未有此乐也"，于是再步毛泽东《七律·和柳亚子先生》原韵，赋诗一首，题为《马克思诞辰·毛主席赐宴感赋》。

之后，柳亚子那种"开天辟地君真健，说项依刘我大难"的牢骚是不再有了，但"名园真许添诗料，金粉楼台胜渡江"的在意待遇、地位的思想依然较浓。毛泽东为了进一步做好这位老友的工作，于5月21日给柳亚子写了一信。这信推心置腹，情深谊重，真值得好好读读。抄如下：

亚子先生：

　　各信及大作均收敬悉，甚谢！惠我琼瑶，岂有讨厌之理。……国史馆事尚未与诸友商量，惟在联合政府成立以前恐难提前成立。弟个人亦不甚赞成先生从事此项工作，盖恐费力不讨好。江苏虚衔，亦似以不挂为宜，挂了于己于人不见得有好处。此两事我都在泼冷水，好在夏天，不觉得太冷否？某同志妄评大作，查有实据，我亦不以为然。希望先生出以宽大政策，今后和他们相处可能好些。在主政者方面则应进行劝导，以期"醉尉夜行"之事不再发生。附带告一个消息，近获某公诗云"射虎将军右北平，只今乘醉夜难行，芦沟未落登埤月，易水还流击筑声"，英雄所见，略有不同，亦所遭者异耳。孙先生衣冠冢看守诸人已有安顿，生事当不致太困难，此事感谢先生的指教。率复不尽，敬颂兴居佳胜！

毛泽东

五月二十一日

4. 国庆唱和《浣溪沙》

1950年10月1日，新生的中华人民共和国的第一个国庆日。举国上下，一片欢腾，四亿五千万同胞欢欣鼓舞，庆祝国庆。

10月3日晚，中南海怀仁堂举行盛大歌舞晚会，西南各民族文工团、新疆文工团、吉林省延边文工团、内蒙古文工团联合演出。

毛泽东等中央领导同志出席歌舞晚会，并邀请民主人士一同观看演出。

各文工团演出的歌舞，新鲜活泼，生动优美，场内不时响起欢笑声，鼓掌声，气氛非常热烈。此情此景，毛泽东非常高兴，诗情涌动。他对坐在自己前排的柳亚子说："这样的盛况，亚子先生何不填词以志盛？怎么样？你填，我来和。"柳亚子当时也异常高兴，情绪激动，即席填《浣溪沙》词一阕：

火树银花不夜天，弟兄姊妹舞翩跹。歌声唱彻月儿圆。

不是一人能领导，那容百族共骈阗？良宵盛会喜空前。

词前有一小序："十月三日之夕于怀仁堂观……歌舞晚会，毛主席命填是阕，用纪大团结之盛况云耳。"

看了柳亚子的词，毛泽东果真乘兴奉和：

浣溪沙·和柳亚子先生

    1950 年国庆观剧，柳亚子先生即席赋浣溪沙，因步其韵奉和。

    长夜难明赤县天，百年魔怪舞翩跹，人民五亿不团圆。   一唱雄鸡天下白，万方乐奏有于阗，诗人兴会更无前。

毛泽东将和词用毛笔书写在宣纸上，送给柳亚子。柳得词后，十分珍视，特意装裱起来，佩上镜框，挂在客厅里，供友人观赏。

10 月 4、5 日，一连两晚上，柳亚子都在怀仁堂观看舞剧《和平鸽》。他深有所感，赋词一阕：

浣溪沙

    中央戏剧学院舞蹈团演出《和平鸽》舞剧，欧阳予倩编剧，戴爱莲女士导演，兼饰主角，四夕至五夕，连续在怀仁堂奏技。再成短调，欣赏赞美之不尽矣！

    白鸽联翩奋舞前，工农大众力无边。推翻原子更金圆。战犯集团仇美帝，和平堡垒拥苏联。天安门上万红妍。

1950 年 6 月 25 日，朝鲜爆发了战争。朝鲜人民军旗开得胜，迅速向南方推进。27 日，美帝国主义出动了海、空军对朝鲜进行武装干涉，同时派出第七舰队到台湾海峡，侵占我国领土台湾。28 日，毛泽东在中央人民政府第八次会议上严厉谴责了美帝对朝鲜和中国领土台湾的侵略，并号召"全国和全世界的人民团结起来，进行充分准备，打败美帝国主义的任何挑衅"。全国开展了反对美帝武装侵略朝鲜的宣传，广大人民群情激奋，仇美恨美，纷纷要求同朝鲜人民一起抗击美国侵略者。

柳亚子正是在这一时代氛围中写下这阕《浣溪沙》的。过了几天，柳将这首词送给了毛泽东。毛泽东正忙于如何应对美帝侵略朝鲜的战争，无暇顾及和词。

10月9日，美军越过三八线，向北推进。

10月19日，我中国人民志愿军4个军，12个步兵师，3个炮兵师，26万人齐集鸭绿江边。毛泽东说："二十六万人都过去，初战要打胜，打个痛快，干净！"

10月25日，志愿军发起入朝后的第一次战役，至11月6日，歼灭敌军15000多人，把敌人从鸭绿江边打退到清川江以南，赢得了初战的胜利，初步稳定了朝鲜的战局。

一天午后，毛泽东和周恩来在中南海颐年堂花园散步，谈论着志愿军第一次战役的胜利，分析朝鲜战场的战势，谈得很高兴。毛泽东说："恩来，前些天，柳亚子先生送来一首《浣溪沙》词，表达了民主人士反对美帝国主义发动侵朝战争、拥护和平的心情。他是这么写的……"说着就将柳词念了一遍。他接着说："得到朝鲜前线胜利的消息，我刚好有兴致，便用同样的词牌《浣溪沙》步原韵和了他一首。今天，我给你恩来献个丑。"说着就将自己的和词念给周恩来听：

> 颜斶齐王各命前，多年矛盾廓无边，而今一扫新纪元。
> 最喜诗人高唱至，正和前线捷音联，妙香山上战旗妍。

——《毛泽东诗词集》，中央文献出版社1996年版，第185页。

周恩来听了，略一沉思说："好，'妍'字妙！"妙香山在朝鲜的西北部，一个"妍"字，不仅表达了对抗美援朝第一次胜利的赞美，还表现出对抗美援朝必胜的信念。

5. 毛泽东唱湖南小曲

11月25日，志愿军发起了第二次战役，一举歼灭36000余人，迫使敌军退回到三八线附近及以南地区。1950年除夕，志愿军发起第三次进攻，使美李军由战略进攻转入战略防御。志愿军接连发起第四次、第五次战役，给了敌人以极其沉重的打击。

眼看志愿军在朝鲜战场上的胜利已成定局，毛泽东站在中南海之畔，一亮他那高亢的乡音很重的歌喉，畅快淋漓地唱了一曲湖南小调：

全世界的人，咯样子多，
一声那个唱起和平歌。
唱起那个歌来如雷打，
滴起那个汗来水成河，
淹起那个战争贩子死——家——伙，嗨！

这支小曲充满着毛泽东特有的幽默，充满着胜利的欢乐和自豪。只是不知这歌词是不是毛泽东顺口编的还是原本就有的，暂无可考。

参考资料：

① 《毛泽东书信选》，人民出版社1983年版。

② 《柳亚子诗词选》，人民文学出版社1986年版。

③ 阎长林：《我的警卫笔记》，中国青年出版社2010年版。

④ 石玉坤、张树德：《诗词为媒：毛泽东与柳亚子》中共中央党校出版社1999年版。

⑤ 郭文韬：《开国前后》，海南出版社1993年版。

挥师过大江

一天晚上，毛泽东进城看梅兰芳演出京剧《霸王别姬》。在回双清别墅的路上，他对李银桥说："不要学西楚霸王，他搞鸿沟为界。我不要学，你也不要学，大家都不要学！"他还要所有领导干部都去看《霸王别姬》。

还有一次，毛泽东睡不安稳，起来散步，眉头紧锁。李银桥小心翼翼地随在身后。走了很久，他用沉重的声音问李银桥："有人劝我们不要打过长江去，你说要不要打过长江去？"

"要！到手的胜利哪能不要，对国民党蒋介石还有什么好客气的！"

毛泽东用手抚着李银桥的后背，点头说："还是我们的战士聪明哟！"

李天佑回忆：1949 年 3 月 31 日，毛主席在香山接见第四野战军师以上的干部时讲话说："你们丝毫不应当松懈你们的战斗力。……应该粉碎敌人的政治阴谋，把伟大的人民解放战争进行到底。"他还富有风趣地、意味深长地说："当年，曹操八十三万人马下江南。今天，我们四百多万人马，三路大军下江南，一路陈粟大军，一路刘邓大军，一路林罗大军，浩浩荡荡，声势大得很，气魄大得很。同志们，下江南去！我们一定要赢得全国的胜利！"

4 月 21 日，毛泽东以中国人民革命军事委员会主席的名义与中国人民解放军总司令朱德，发布《向全国进军的命令》。

4 月 23 日，人民解放军占领南京，将胜利的红旗插到了伪总统府的门楼顶上，统治中国达 22 年之久的蒋介石政权被彻底推翻了。

这天下午，毛泽东穿着一套新做不久的整洁的中山装，神采奕奕地步出双清别墅，来到院子中的凉亭里，坐在一张铺有软垫的木椅上，右手抚着右膝盖，左手拿着上端印有"解放南京"四个特大号字的《人民日报》号外，神情安详地看报上的人民解放军占领南京的胜利消息，看得很专注，以致摄影师徐肖冰、侯波夫妇悄悄走近他，抓拍了这一历史瞬间的珍贵镜头他都没有察觉。"咔嚓"，照相机快门的响声惊动了他，他看到徐、侯二人，很高兴，也很激动，忙打招呼说："今天是高兴的日子，不要只给我照相，给大家都照一张。"于是，毛泽东和身边的工作人员合了一张影。

毛泽东回到办公室里，拿起报纸又看，边看边在报纸上画一些杠杠和圈圈。他仰起头，思索了一会，就给刘伯承、邓小平写了贺电。这时，田家英捧着一摞文件文稿走进了双清别墅，笑着说："主席，解放南京是具有历史性的胜利，何不赋诗一首以作纪念。"毛泽东说："是呀，我正有这一打算。"说着，他站起身，在室内踱步，沉思，随即轻哼低吟起来。一会儿，他坐到办公桌前，展纸挥毫，写下了《七律·人民解放军占领南京》：

> 钟山风雨起苍黄，百万雄师过大江。
> 虎踞龙盘今胜昔，天翻地覆慨而慷。
> 宜将剩勇追穷寇，不可沽名学霸王。
> 天若有情天亦老，人间正道是沧桑。

——《毛泽东诗词集》，中央文献出版社1996年版，第74页。

这首诗风雷磅礴，豪气盖世，思想内蕴极其丰富深刻，是一首与《七律·长征》、《沁园春·雪》同样享有很高声誉的经典之作。

毛泽东有个习惯，书写时，如果觉得不满意，就会随手把纸揉成一团，扔进废纸篓。他的秘书田家英是个有心人，说那是"国宝"，总是从废纸篓里把一团团宣纸捡起来摊平，然后装裱起来。天长日久，就裱成了一大叠，内中有毛泽东自己的诗词，也有毛泽东抄录的古代诗词。

1963年，田家英编辑《毛主席诗词》一书时，拿出捡回的《七律·人民解放军占领南京》呈送给毛泽东，毛泽东看后哈哈大笑，说："哦，我还写过这么一首诗！写得还可以，就收进去吧。"

就这样，这首著名诗篇，从废纸篓走向了广大的中外读者。

参考资料：

① 李银桥:《走向神坛的毛泽东》，中外文化出版公司1989年版。

② 《红旗飘飘》第十五集，中国青年出版社1961年版。

③ 《捡回来的名诗》，《湖北日报》1991年5月21日。

海天豪情赋新词

1. 毛泽东来到了北戴河

1954 年夏，毛泽东来到了北戴河。

北戴河，地处秦皇岛西南 15 公里，北依连峰山，南滨渤海，境内巉岩起伏，林木茂密，夏季气候凉爽宜人，是著名的避暑胜地。海岸漫长曲折，滩缓沙明，水清浪碧，极好的天然游泳场。毛泽东来这里，主要是避暑休闲。新中国成立伊始，作为中华人民共和国第一任主席，确实够忙，够紧张的，几乎天天都工作十几个小时，一天一夜，两天两夜，甚至三天两夜地工作也是常有的事。医生多次建议他要休养一段时间。

毛泽东住北戴河浴场一号平房，周围是一片小叶杨树林，环境幽静。毛泽东也确实很放松。一天，他要去登高看日出，凌晨四时便起床，很快来到连峰山脚下。山不太高，约五时便到了山顶，暗蓝的天空，明星闪烁，银河横斜，极目东方，海天相连处一派淡淡的青白光亮的背景上有几缕缥缈不定的浅红色云霞。毛泽东兀立山顶，举起一架大望远镜向东遥望。渐渐地，青白光处红了，红了，像燃起大火，升腾起紫红的霞光，海浪也变成紫色，一起一伏，明晃闪耀。见着这奇异辉煌的景象，警卫人员们欢呼跳跃，毛泽东心情也很激动，迎风遥望，呼吸有声，胸膛应着大海的节奏一起一伏，表现出诗的情感状态，低声吟着"日月之行，若出其中……"

2. 在大风大浪的海上游泳

毛泽东更喜欢在大海里游泳，每当工作之余，他多半时间是去游泳。他喜欢热闹，尤其喜欢和年轻小伙子、姑娘们成群结伴的游。他总是侧泳或者仰泳，自然轻松，悠然自得，一边游一边和游在身旁的年轻人聊天，精神旺朗，谈笑风生，兴致极高。他每次只下一次水，下去了便游个够，不尽兴便不上岸，上了岸便再不下水。

有一天，大风大雨刚过，毛泽东要去游泳，跟随着他的那些人员怎么也拗不过，只得同他一道去。还没走到浴场，只见大海波涛滚滚，如千山万岭，起伏奔腾，雪浪滔天，涛声雷鸣，毛泽东情不自禁地背诵起《海赋》："波如连山，乍合乍散……岑岭飞腾而反复，五岳鼓舞而相槌……惊浪雷奔，骇水迸集。"他很激动，也很高兴，两眼炯炯放光，以挑战的姿态，加快步伐向海浪走去，还招呼大家："赶浪啰，我们赶浪！"他们向大海扑去，迎面一道如长城般的巨浪，轰轰隆隆地向他们卷来，一下将他们压退四五米，歪倒在沙滩上。毛泽东吐出嘴里苦涩的咸水，轻轻笑了："嘿嘿，我总算碰到一个好对手。"与天奋斗，其乐无穷，富于挑战性格的毛泽东再次招呼大家一齐向浪冲去，一连几次都被浪打回。毛泽东说："这点浪比刘戡的四个半旅还难闯吗？来，我们顶着浪峰上，钻浪峰！"那情景简直有些像同千军万马厮杀。他们终于连穿四道长浪，游进了大海。"要将宇宙看稊米"，是一种胸襟、情怀；"渺沧海之一粟"，即使伟大如毛泽东，在大海中也不过如一朵小小浪花。"涛似连山喷雪来"，一下，将毛泽东举上高高的浪峰，一下，又将毛泽东抛进深深的浪谷。毛泽东倒显得自在轻松，还要大家别紧张："我们只会被冲上岸，不会被拖进大海回不来。"此时同他一道在海中的保健医生徐涛后来回忆说："重提当年情景，真正的男子汉都会对毛泽东的这性格肃然起敬。他盼望挑战，他的一生不曾停止挑战应战，这是他性格的基础和核心。"这是从政治家的角度评说的，如果从诗人的角度看，这是海天豪情，是真正崇高的浪漫主义诗情。

3. 月夜朗诵《观沧海》

毛泽东很爱海，除了常下海游泳，还常在海边沙滩上漫步，望海上云起云飞，潮涨潮落，有时夜间工作疲劳了，也出门到海边走走，看"海上明月共潮生"，"江天一色无纤尘，皎皎空中孤月轮"。每当此际，他常常很有兴味地朗诵着：

> 东临碣石，以观沧海。
>
> 水何澹澹，山岛竦峙。
>
> 树木丛生，百草丰茂。
>
> 秋风萧瑟，洪波涌起。
>
> 日月之行，若出其中。
>
> 星汉灿烂，若出其里。
>
> 幸甚至哉，歌以咏志。

一天晚上，毛泽东遥望大海又在念这首诗。徐涛多次听他念，都听得能背诵了，便问："主席，这是谁的诗啊！"

"写得好吗？"

"很有气魄，很美。"

"这是曹操的诗，《步出夏门行》中的第一章《观沧海》。"

"曹操还会做诗呀？"徐涛很惊奇的样子。

毛泽东轻轻一笑说："嘿，你这个大学生呀，确实该补补课。曹操是个了不起的政治家，军事家，也是个了不起的诗人。"

"他？他不是个白脸奸臣吗？"

"嘁，你知道个屁。"毛泽东愤然时便这样斥责人，"曹操统一中国北方，创立魏国。那时黄河流域是全国的中心地区。他改革了东汉的许多弊政，抑制豪强，发展生产，实行屯田制，还督促开荒，推行法制，提倡节俭，使遭受大破坏的社会开始稳定、恢复、发展。这些难道不该肯定？难道不是了不起？说曹操白脸奸臣，书上这么写，剧里这么演，老百姓这么说，那是封建正统观念制造的冤案。还有那些反动士族，他们是封建文化的垄断者，他们写东西就是维护封建正统。这个案要翻。"

4. 换了人间

一天，毛泽东让卫士找来地图。他一边查地图一边说："曹操是来过这里的。"

正在毛泽东身旁的徐涛听了，惊讶地说："曹操也来过这里？"

毛泽东说："当然来过，上过碣石山。建安十二年（207年）五月出兵征乌桓，九月班师经过碣石山，写出《观沧海》。"

7月23日，毛泽东给女儿李敏、李讷一信。信中说："北戴河、秦皇岛、山海关一带是曹孟德（操）到过的地方。他不仅是政治家，也是诗人。他的碣石诗是有名的……"这"碣石诗"就是指的《观沧海》。

碣石山，在河北省昌黎县西北，位于北戴河西面偏南，山南距渤海约四五十里。毛泽东去过一次碣石山。山不高而秀，佳木葱郁，亭阁掩映，登高眺望，大海遥遥在望，浪涌云飞。他回到北戴河住处，写出了《浪淘沙·北戴河》：

> 大雨落幽燕，白浪滔天。秦皇岛外打鱼船。一片汪洋都不见，知向谁边？　往事越千年，魏武挥鞭，东临碣石有遗篇。萧瑟秋风今又是，换了人间。

——《毛泽东诗词集》，中央文献出版社1996年版，第92页。

到了1962年4月，一天，毛泽东对身边的工作人员说，李煜的词，意境和语言都很好，但是风格柔靡，情绪伤感。李煜写的《浪淘沙》都是婉约的，没有豪放的，他便以《浪淘沙》为词牌写了一首豪放的词。他填了几十首词，但说明选用词牌的缘起，这还是第一次。

参考资料:

① 权延赤:《红墙内外》,昆仑出版社 1989 年版。

② 徐涛:《毛泽东的保健养生之道》,《缅怀毛泽东》下,中央文献出版社 1993 年版。

③ 毛岸青、邵华:《回忆爸爸勤奋读书和练书法》,《瞭望》1983 年第 8 期。

④ 龚育之、逄先知、石仲泉:《毛泽东的读书生活》,中央文献出版社 2003 年版。

三上北高峰　盛赞五云山

1955年4月9日，毛泽东乘专列到杭州视察工作，直到6月2日，住在西子湖畔的刘庄。这原是晚清一栋刘姓的私人别墅，名曰"水竹居"，坐落在丁家山前隐秀桥西，背山面水，清雅幽静，园内馆阁楼台，小桥流水，布局错落有致，回廊曲折幽逸，泉水清澈，叠石参差，古柏参天，奇花争艳，是别具一格的江南园林，曾被誉为"西湖第一名园"。

4月10日，毛泽东在秘书、卫士们的簇拥下，攀登北高峰。这是第三次，前两次是1953年底和1954年2月15日。

北高峰耸峙于灵隐寺后，林木葱郁，雾霭萦漫。毛泽东沿着松竹掩映的曲径，稳步而上。山半腰有韬光寺，楼阁凌空，莲池清澈。毛泽东在寺内走了走，看了寺后吕洞宾炼丹遗址，来到观海亭前，见有一副对联，便停下步，欣赏那苍劲有力的书法，轻声念着"楼观沧海日，门对浙江潮"的联语，高兴地对身边人员说："这是唐代诗人宋之问《灵隐寺》一诗中的诗句，也有人说是骆宾王代宋作的，诗好，字也不错。"

毛泽东登上山顶，对站在身边的浙江省公安厅厅长王芳说："中国有怪人，年老了还跑到杭州爬北高峰，爬了三趟还觉得没爬够哩。"大家都笑了。毛泽东站在峰顶上，纵目眺望，西湖波光潋滟，如画如绣，飞凤亭、桃花岭、扇子峰、美人峰等，烟树晴岚，景色诱人，轻柔的春风拂面，轻松愉悦之情满怀。他很高兴，即兴成诗一首：

三上北高峰，杭州一望空。

飞凤亭边树，桃花岭上风。

热来寻扇子，冷去对佳人。

一片飘飘下，欢迎有晚鹰。

——《毛泽东诗词集》，中央文献出版社1996年版，第192页。

毛泽东吟罢，便坐在一块大石头上，翻开英语课本，自由自在地笑着对秘书林克说："好啦，现在既不冷又不热，只有读书喽。"说着就朗读起来。

顺着北高峰往南走，有一座五云山，因传说常常有五色云彩缭绕山间得名，成了人们心目中的吉祥之山。

一天，毛泽东去游览了五云山。山顶有座小庙，据说里面的卦签很灵的。有些游人抽签。毛泽东叫跟在身边的李讷也去抽一签，说这也是一种民间文化现象，再过好些年也许没有了。李讷去抽了一签，还是个上上签。如今这小庙里还保存着一张毛泽东看卦签的照片。

五云山给毛泽东的印象很好。他和女儿在写有"五云山"三个大字的门前留有一张照片，毛泽东在右，坐着，右手竖握着一支细长的竹竿，李讷在左，站着，很惬意地望着爸爸。毛泽东写了一首七言绝句，盛赞五云山：

五云山上五云飞，远接群峰近拂堤。

若问杭州何处好，此中听得野莺啼。

——《毛泽东诗词集》，中央文献出版社1996年版，第196页。

参考资料：

    ① 李林达:《情满西湖》，中央文献出版社 1993 年版。

    ② 虔东文:《毛泽东登山观潮》,《山西发展导报》1997 年 5
月 9 日。

回首峰峦入莽苍

　　5 月下旬的一天，毛泽东去游览距杭州城 60 公里的莫干山。汽车盘行于山中，他与同车的罗瑞卿、田家英、林克、吴旭君等说古论今，诵诗背词，甚是愉快。

　　莫干山，据说因春秋时期吴王阖闾派铸剑工在此铸造干将、莫邪剑而得名。在传说的铸剑的水池旁，屹立着一块巨大的磨剑石，四壁石崖多有题刻。毛泽东驻足片刻，欣赏书法艺术，轻轻吟着唐代贾岛的诗句："十年磨一剑，霜刃未曾试。"

　　毛泽东拄着一根竹竿，迈着稳健的步伐，不紧不慢地在山道上行进。时近仲夏，莫干山林木阴深，翠竹泻绿，亭阁时见，景色秀丽。毛泽东心绪极佳，怡然自得，不时地用竹杖指指画画，还抑扬顿挫地吟诵古人描绘莫干山的诗句：

> 参差楼阁起高岗，半为烟遮半树藏。
>
> 百道泉源飞瀑布，四周山色蘸幽篁。

　　——《毛泽东诗词集》，中央文献出版社1996年版，第194页。

　　尽管是在"清凉世界"里漫游，但一段山路爬下来，毛泽东头上也汗涔涔的。他已经拉开衣领的风纪扣，将宽大的裤腿卷到膝盖，那样子很像下地干活的老农民。他靠上一块突兀的山石小憩，满面笑容地望着大家，依然谈笑风生。

他游兴很高，到观瀑亭观瀑，顺芦花荡西行至塔山远眺，天高地迥，宇宙无穷，巨人的情思，驰游得很深很远。返回的路上，车过良渚，进入杭州地界吴家塘，他身子向后一仰，随口诵出一首诗：

> 翻身复进七人房，回首峰峦入莽苍。
> 四十八盘才走过，风驰又已到钱塘。

毫不经意，即兴成章，写出风速般的行程，抒发了诗人愉悦轻快的心情。

参考资料：

① 李林达：《情满西湖》，中央文献出版社 1993 年版。

湘江论文　岳麓吟诗

1955 年 6 月，毛泽东回到阔别了 30 年的长沙。

20 日这天，上午十时，在周小舟、周世钊等人的陪同下，从城北七码头乘小汽轮溯江而上。雨后初晴，湛蓝澄碧的天空，散布着几缕淡淡的白云，初夏的凉风掠过似黄还绿的江水，吹到身上，让人感到格外舒适惬意。毛泽东穿着白色衬衣，坐在船头一张椅子上，眺望湘江两岸景色，俯视北去的滔滔江水，触景生情，不禁朗诵起苏东坡的《前赤壁赋》中的名句："驾一叶之扁舟，举匏樽以相属，寄蜉蝣于天地，渺沧海之一粟，哀吾生之须臾，羡长江之无穷，挟飞仙以遨游，抱明月而长终，知乎不可骤得，托遗响于悲风。"他接着说，苏东坡是宋代的大文豪，长于词赋，有许多独创，"一洗绮罗香泽之态，摆脱宛转绸缪之度"，如《念奴娇·赤壁怀古》是千古绝唱。然而此人政治上坎坷不平，宦海中升降浮沉，风云莫测，因此常常寄情清风明月，扁舟壶酒以消情。他侧过脸对身边的湖南省委书记周小舟说："苏东坡'驾一叶之扁舟'，那说的是小舟。'小舟从此逝，江海寄余生'，那是苏轼追求小我的自由。你已经不是小舟，你成了承载几千万人的大船了。"周小舟和在场的人都被他这亲切风趣又随和幽默的谈话，逗得哈哈大笑起来。

毛泽东的思维确如天马行空，自由驰骋，联想十分迅急，谈话中常常是古今中外，妙语迭出。他兴致很高，似意犹未尽，又朗诵道："且夫天地之间，物各有主，苟非吾之所有，虽一毫而莫取。"他笑了笑说："这位黄州太守，还是相当廉洁的。"大家又笑了。

毛泽东要到湘江中游泳。他的老同学时任一师校长的周世钊说："现在湘江水涨，水深且广，还相当浑浊，似乎不宜游泳。"

毛泽东笑着说："你不要说外行话。庄子说过，'水之积也不厚，则其负大舟也无力'。《逍遥游》你是很熟悉的啰。水越深，浮力越大，游泳起来，当然越要便利些，你怎么反说不方便呢？水清水浊，不是适宜不适宜游泳的主要条件。"

小轮船缓缓开到猴子石附近，毛泽东换上游泳衣，从容下水。他时而侧游，时而仰泳，安闲轻松，像卧在清波软浪之上，平稳而舒缓地向前游去。

整整一个小时，毛泽东游到牌楼口北面的地方登岸。他穿好衣服，上了汽车，让车向岳麓山驰去。

汽车只能开到白鹤泉，再往上，山势陡峭，道路曲折，很难走。湖南省委准备了三顶小轿，供毛泽东和几位年岁高的同志坐着上山。毛泽东坚决不坐轿，拍了一下自己的大腿，风趣地说："蒋介石不让我安身，把我从江西赶到了陕北，又派胡宗南逼得我在陕北山沟沟里打转。这下倒好，让我炼出了一副走得路、过得河、爬得山的铁脚板。今天，我就靠它上山啰！"他说着，便迈开稳健的步伐向山上走去。除了在爱晚亭小憩片刻，他一直登上了矗立在岳麓高峰的云麓宫。

在云麓宫，毛泽东环视了壁间悬挂的诗词对联后，侧身问陪同人员，云麓宫曾悬挂的"西南云气来衡岳，日夜江声下洞庭"的对联和"一雨悬江白，孤城隔岸青"的诗句怎么不见了。有人告诉他，岳麓山景观遭日寇炮火的摧残，毁坏很多，新中国成立后才逐渐恢复，有些文物还来不及恢复原状。

下午二时，在望湘亭进餐。毛泽东和陪游的湖南省委的几位同志，谈笑甚欢，毫无倦意，谈话的内容，海阔天空，毛泽东思维活跃，跳跃性大，上下古今，革命岁月，目前建设，往日朋侣，几乎无所不包，随意转移话题。周世钊对毛泽东说："你是六十二三的人了，还是这样健谈，这样精神，还能像这样水击湘江，这样登上岳麓山，大大赛过了许多年轻人。如果把今天的真实情况讲给青年们听，一定会使他们感到无比兴奋，认真向你学习。"

毛泽东笑了笑说："这算得了什么！爬山吧，仅仅这样一点短路，游水也不是什么难事。我们不是每天走路么？游泳时有水的浮力帮助，比走路应该是容易多了。但是游水也容易出问题，不可粗心大意。我在第一师范学习游泳时，出过几次危险，不是同学救护，险些'出了洋'。"这句话把在座的人都说得笑起来了。

下午三时多，天尽处，突然升起大片乌云，随着乌云渐渐移上头顶，一场雨也随之由远及近地下到岳麓山上来。不过，夏天的雨来得急，去得也快，不多一会儿，雨过天晴，山山岭岭，青翠欲泻。毛泽东同大家一道，高高兴兴地下了山。

是夕，夜已深，陪同毛泽东游罢归家的周世钊，仍兴奋得不能就寝入睡。他诗兴盎然，沉吟低咏，写下了一首七律《从毛主席登岳麓山至云麓宫》：

> 滚滚江声走白沙，飘飘旗影卷红霞。
> 直登云麓三千丈，来看长沙十万家。
> 故国几年空兕虎，东风遍地绿桑麻。
> 南巡已见升平乐，何用书生颂物华。

不久，周世钊把这首诗和另一些自己作的诗词寄给了毛泽东。

岳麓山之游，毛泽东洒脱自然，情怀愉悦，登高纵目，也感慨良多，读了周世钊的诗，创作激情难抑，于是奉和一首，题为《七律·和周世钊同志》：

> 春江浩荡暂徘徊，又踏层峰望眼开。
> 风起绿洲吹浪去，雨从青野上山来。

尊前谈笑人依旧，域外鸡虫事可哀。

莫叹韶华容易逝，卅年仍到赫曦台。

——《毛泽东诗词集》，中央文献出版社 1996 年版，
第 189 页。

10 月 4 日，毛泽东给周世钊写了一信，信上说："读大作各首甚有兴趣，奉和一律，尚祈指政。"

参考资料：

① 周世钊：《难忘的一天》，见《难忘的回忆》，中国青年出版社 1985 年版。

② 《毛主席遗物事典》，红旗出版社 1996 年版。

游万里长江　创传世杰作

1956 年 5 月，毛泽东南下到了广州，住在一个小岛上。连日天气闷热，他显得有些烦躁，叫来卫士长李银桥说："我们走吧，到长江边上去，去游长江。"

这一声吩咐，震惊了所有随行人员。游长江，别人或许可以去冒这个险，但是主席不行，江宽，水深，流急，险。反对最力的是罗瑞卿，他说毛主席的安全不是主席个人问题，保卫主席的安全，是党中央交给他的责任，他要对党负责。毛泽东急了："你们是不是怕我死在那个地方！"这一下，大家都不敢做声了，但就是不松口让他走。双方最后达成妥协：派人去探探，行，就去。先派韩队长去。韩到了武汉，在江边看了看，听人说不能游，自己并没下水，回到广州汇报说不能游。毛泽东问："你下水了没有？"韩不做声。毛泽东火了："你没下水，怎么知道不能游？你走。"他叫副队长孙勇："你去！"孙勇是游泳好手，一到武汉，就去游长江，来回游了两遍，回到广州汇报说可以游。大家都没说的了，孙勇和随行的湖北省委书记王任重先到武汉做准备工作。

5 月 30 日，毛泽东乘飞机抵长沙，游了湘江，算是游长江的热身，31 日早晨，从长沙飞抵武昌。

下午两点左右，毛泽东在杨尚昆、罗瑞卿、王任重、李银桥、孙勇等人陪同下，谈笑风生地登上"武康"轮。他放眼长江，见江面上有好几只小木船，问王任重是怎么回事，王说是搞保卫的。毛泽东说不要，通通赶走。王当然遵命。有一只小木船不走，保健医生徐涛在上面，说在主席身边是他的职责。毛泽东说，不能靠近他，不能挡着他的视线。说着将一个救生圈丢给了徐涛，说是给徐涛的夫人吴旭君的。

"武康"轮在武昌岸边汉阳门码头附近，毛泽东从容脱下浴衣，穿着普通短裤，抓着软梯稳步下水。他先将身子往水中一蹲，让水浸浸，然后两手一撒，双脚一蹬，安然地扑向万里长江的波卷浪涌之中。

毛泽东在滔滔江水中，时而仰游，头枕波峰，极目楚天；时而侧游，奋臂击浪，似轻舸争流；时而潜身水下，转体戏水；时而踩水慢游，如闲庭信步……他边游边和警卫人员、护泳的游泳选手说说笑笑，特别开心。正说着，一个浪头扑来，毛泽东迅即潜下水，穿过浪峰露出水面，用手抹了一下脸，从容地吐了一口水，风趣地说："长江的水好甜啰！"

当天陪游的王任重在日记中写道：

> 主席在水中自由自在的很，他可以躺在水上面不动，也不会沉下去，他还可以坐起，在水面上搓脚。亲眼看到主席游水的技术很好，精力也很好，我们就放心了。

顺流而下，游了两小时零四分，游程近三十华里。

毛泽东游罢，在沌口上船。他游兴未尽地说："罗部长不让我游，我偏要游。下次游，把他也拉下水去。"说这话时，那神情仿佛一个争强好胜终于如愿以偿的孩子。毛泽东在船上吃饭。这天船上执厨的杨清纯师傅，为毛泽东做了四菜一汤：清蒸武昌鱼，烧鱼块，回锅猪肉，炒青菜和榨菜肉丝汤。毛泽东很满意，将武昌鱼全吃光了。

6月2、3日，毛泽东又两次游了长江，游程都达二十多华里。特别是三日这天，蒙蒙细雨洒江城，气温不过二十度，江面三四级东北风，毛泽东仍坚持在长江中游泳。江天细雨霏霏，江堤杨柳依依，毛泽东在江中，时而仰面朝天，双目微合，一副疲劳后静卧的神情，顺流而下；时而改换侧泳姿势，看浩荡江流，空蒙江岸。忽然，堤上有人发现了毛泽东，惊叫起来："毛主席游泳，毛主席在游泳！毛主席万岁！"人们涌向江堤，一时万头攒动，欢声雷鸣："毛主席万岁！"毛泽东则直起身，踩着水，挥手示意，并用他那特具韵味的湘音喊："人民万岁！"

就这次在武汉长江游泳期间，写下了著名的词章《水调歌头·游泳》：

> 才饮长沙水，又食武昌鱼。万里长江横渡，极目楚天舒。不管风吹浪打，胜似闲庭信步，今日得宽馀。子在川上曰：逝者如斯夫！　风樯动，龟蛇静，起宏图。一桥飞架南北，天堑变通途。更立西江石壁，截断巫山云雨，高峡出平湖。神女应无恙，当惊世界殊。

——《毛泽东诗词集》，中央文献出版社1996年版，第95—96页。

毛泽东住在东湖。一天，他对为他执厨的杨清纯师傅说，杨师傅，你做的武昌鱼蛮不错。这武昌鱼还有典故的，唐朝诗人岑参说："秋来倍忆武昌鱼"，元代诗人马祖常说："携妇归来拜丘垄，南游莫忘武昌鱼。"说着，他从口袋里掏出一张写了字的纸，对杨清纯说："杨师傅，我刚写了一首诗给你，要不要？不吃你做的武昌鱼，我是写不出诗来的。"这就是《水调歌头·游泳》。

毛泽东这次在武汉期间，还接见了一些在湖北任职的老同志，其中有李达、林一山。他一见到林一山便风趣地说："又见到我们的'长江王'了！"接着又说："你能不能找个人替我当国家主席，我帮助你来修三峡。"李先念高兴地插话："三峡这个大坝长，我都愿意当。"

今天，当我们站在三峡大坝之上，东眺吴楚，西望陇蜀，吟诵《水调歌头·游泳》，会感到这"更立西江石壁，截断巫山云雨，高峡出平湖"，仿佛是诗人今天写的，是站在大坝上写的，甚至会觉得是雄伟壮观的三峡大坝给了诗人创作的灵感，诗人创作的词章，给了三峡大坝以神韵与潇洒，会为三峡大坝的建造而惊叹，还会为诗人的词章而倾倒。

三峡大坝与《水调歌头·游泳》，同样辉煌壮丽，同样地久天长。

参考资料：

①　林一山、杨马林：《功盖大禹》，中共中央党校出版社
1993 年版。

②　萧心力主编：《巡视大江南北的毛泽东》，中国社会科学出
版社 1933 年版。

③　《毛泽东在湖北》，中共党史出版社 1993 年版。

④　权延赤：《红墙内外——毛泽东生活实录》，昆仑出版社
1989 年版。

盐官镇观潮

1957 年 9 月 9 日，毛泽东因事到杭州，仍住刘庄。11 日，他和随同来杭州的同志驱车至海宁盐官镇，观看钱塘江潮。

钱江潮，"滔天浊浪排空来，翻江倒海山可摧"，素称天下壮观。每年这时，来海宁观潮的人特别多，盐官镇此时已是万头攒涌，人山人海。毛泽东一行便来到镇郊七星庙，这里人少，还可以看到江潮涌现的全貌。天青气朗，略微有点热。毛泽东在警卫人员临时搭起的帐篷内小憩。

少顷，两位负责接待的乡干部，陪同毛泽东一行上了钱塘江海塘，向东眺望。顿时，只见水天相连处，显现出一条长长的白线，指顾之间，江潮便汹涌澎湃而至，潮头很高，横江排空，声如巨雷，浪花溅天。毛泽东凝神注视，看江潮似雪峰滚涌而来，从面前奔腾喧嚣而过，挟风带涛向上游咆哮而去，渐渐从视线中消失。他并没立即下海塘，仍看着浪涌波迭的大江，直到江面缓缓平静，前后共约两小时。

他坐在椅子上休息，抽了几口烟，对身边的同志们说："南宋时候，钱江潮可直到杭州，那时人们可以站在吴山上观看。现在钱江喇叭口因为泥沙淤积变小了，所以就要跑到海宁来观潮。再过几百年，海宁也许要看不到潮了。"这是诗人的感怀，也是历史学家的喟叹。

毛泽东回到杭州刘庄，当天，写下了《七绝·观潮》：

千里波涛滚滚来，雪花飞向钓鱼台。

人山纷赞阵容阔，铁马从容杀敌回。

——《毛泽东诗词集》，中央文献出版社 1996 年版，第 198 页。

毛泽东这天兴致特高，下午，还要去钱塘江游泳。江潮过后江水平，六和塔巍巍，杨柳依依，江草青青。毛泽东来到钱塘江边，不禁信口吟道："到江吴地尽，隔岸越山多"（唐代处默的诗句），笑着对随行人员说："钱塘江，古吴、越分界线也。我们就在这'国境线上'游泳吧。"

参考资料：

① 钱江：《毛泽东宁海观潮》，《文汇报》1994 年 9 月 14 日。

不尽情思《蝶恋花》

1. 收到李淑一的信和词

1957 年春节后不几天，毛泽东收到长沙福湘中学语文教师李淑一的一封信，信中表达了对毛泽东的春节问候，还抄了两首词。一首是她于 1933 年夏写的，那时道听传言，说她丈夫柳直荀已在革命战争中牺牲。一天晚上，她梦见丈夫回来，样子非常狼狈。她哭着醒来，和泪填了一首《菩萨蛮》：

> 兰闺索寞翻身早，夜来触动离愁了。底事太难堪，惊侬晓梦残。　　征人何处觅，六载无消息。醒忆别伊时，满衫清泪滋。

再有一首词，是《虞美人》，即毛泽东在与杨开慧结婚前些日子里写给杨开慧的那首，说是杨开慧抄赠给她的，她一直铭记在心，现请毛泽东再亲笔书赠给她，以志对开慧的永久怀念云云。

毛泽东看罢信和词，心绪很不宁静，许多往事像电影一幕一幕浮现在脑屏上，杨开慧的形象，与杨开慧在一起生活工作的种种情形均历历在目，特别是与杨开慧在板仓分别的那一幕，他更是永生难忘。他对杨开慧的怀念一直都是很深的。在延安时，他曾亲笔书赠丁玲几首词，其中就有 1923 年底别杨开慧时写的《贺新郎》。他还在异国女性面前，深情地表达过自己对开慧的思念。据艾格尼丝·史沫特莱叙述，她在延安常有时间同毛泽东交往、谈话。她说："我们谈到印度，谈到文艺。有时他朗诵中国古代名人的名句，有时低吟他自己写的律诗。他有一首怀念他第一夫人的悼亡诗，因为她被国民党杀害了。"从她叙述的语气来推测，毛泽东当史沫特莱朗诵的"悼亡诗"，可能是一首专为悼念杨开慧被害而作的诗或词，可惜人们现在尚未见到。

他想了许多许多，收捡起李淑一的信，站起身来，走出紫云轩，抬头望了望天空，见寒星点点，重重嘘了一口气，伸开双臂扩了扩胸，在菊香书屋院子里慢慢走着。寒气很重，警卫员赶快给他披上一件大衣。他在一株苍劲的古柏前站住，喃喃地念着："昔年种柳，依依汉南；今看摇落，凄怆江潭；树犹如此，人何以堪！"他想到岸英的牺牲，内心里一阵痛楚，暗暗地说："开慧，我没有照顾好孩子，对不起你啊……"

2.给李淑一复信和词

毛泽东没有很快给李淑一复信。大约到了四五月间，一天晚上，他又拿出李淑一的信和所抄的两首词，看着，沉思着。30多年了，她还记得开慧向她叙述的一首词，其怀念好友的深厚之情，叫人感佩。但那是一首向开慧坦呈爱情的，且表达上还有尚待推敲之处，现时再原词抄赠给她，不妥。她既有词寄来，当另写一首回赠。他在低咏李淑一的词，不禁小声念着"征人何处觅"，柳直荀牺牲，李淑一侍亲抚孤，艰苦备尝，真不容易啊。在中国革命取得胜利的征途中，"征人"无觅处的又岂止李淑一一人？要奋斗就会有牺牲，为人民利益而死，是比泰山还要重的。沿着"征人何处觅"的思绪，他思考渐深渐远，诗兴渐旺渐浓，想象升腾幻化，兴象纷至沓来，诗情汇聚凝结，语境渐明渐新，于是迅即挥笔，手迹中几次圈删，显得激情难抑，成《蝶恋花》词一首：

我失骄杨君失柳，杨柳轻飏直上重霄九。问讯吴刚何所有，吴刚捧出桂花酒。　寂寞嫦娥舒广袖，万里长空且为忠魂舞。忽报人间曾伏虎，泪飞顿作倾盆雨。

——《毛泽东诗词集》，中央文献出版社1996年版，第100页。

5月11日，毛泽东给李淑一复了一信，并抄赠了这首词。信如下：

李淑一同志：

　　惠书收到。过于谦让了。我们是一辈的人，不是前辈后辈关系，你所取的态度不适当，要改。已指出"巫峡"，读者已知所指何处，似不必再出现"三峡"字面。大作读毕，感慨系之。开慧所述那首不好，不要写了罢。有《游仙》一首为赠。这种游仙，作者自己不在内，别于古之游仙诗。但词里有之，如咏七夕之类。我失骄杨君失柳……（略）

　　暑假或寒假你如有可能，请到板仓代我看一看开慧的墓。此外，你如去看直荀的墓的时候，请为我代致悼意。你如见到柳午亭先生，请为我代致问候。午亭先生和你有何困难，请告。

　　为国珍摄！

李淑一收到信，真是大喜过望，信中所表达的故人之情，使她深受感动。特别是赠她的《蝶恋花》词，那天才奇妙的构思，浪漫主义的神奇想象，将"悼亡"主题提升到此类题作从来没有达到过的崇高境界的诗思诗情，李淑一更是倾心的喜爱，无比的赞佩。她不仅从词中得到了很大的安慰，还从中获得了生活与工作的力量。1958年7月10日，她遵毛泽东信中所托，代表毛泽东到板仓为开慧扫墓，在墓前读了自己写的祭文，其中有"今兹来奠，恩义双重，念君思君，作此吊君"之句。

3. 复信同意学生刊物发表

毛泽东给李淑一的信和词，很快就在师生中传开了。有个名叫薛守淳的学生（时在长沙第十中学读书，李淑一的学生），写信给正在湖南师范学院语言文学系读书的张明霞，说毛主席给李老师写了信，还有首诗。张明霞知道了，非常高兴，想很快能读到。张明霞和班上几位爱好诗歌的同学成立了一个"十月诗社"，办了个油印诗刊《鹰之歌》。诗社成员萧幼艾到十中去实习，张明霞托他去拜访李淑一老师。李淑一将信和词给萧幼艾看了，萧抄下了词，并表示他们诗社准备发表。李淑一说："这是毛主席的作品，最好先请示毛主席。"

张明霞等年轻人怀着对领袖的热爱与崇敬的心情，用他们诗社的名义，给毛主席写了一封信。信中谈了他们读《游仙》的体会，表示要继承先烈遗志，将革命进行到底的决心，同时向毛主席提出了一个幼稚然而诚恳的要求：在他们的油印诗刊《鹰之歌》上发表这首词。随信寄上了他们从李老师处抄录的词，请毛主席校正。信是 1957 年 6 月 1 日发出的。

1957 年 11 月 29 日，张明霞路过传达室，看到有她领取挂号信的通知。她接到挂号信一看，是一个大牛皮纸信封，落款是"中共中央秘书处"。他急忙打开信封，里面又是信封，白底红框，用苍劲健豪的毛笔字写着：

湖南长沙岳麓山湖南师范学院

张明霞同志　　启

毛主席真的给他们来信了！张明霞欣喜若狂。在激动和喜悦的泪花中，和周围的同学争阅这封极为珍贵的信。在雪白的信笺上，毛主席用粗黑的铅笔写着：

张明霞同志：

来函收到，迟复为歉！"蝶恋花"一词，同意在你们的刊物上登载。游仙改为赠李淑一。

　　祝你们好！

毛泽东

十一月二十五日

　　随信还寄来了他们抄呈毛主席校核的原词。毛泽东用两种笔在上面加了标点，改正了抄错的一个字。

　　这时，《鹰之歌》已停刊了。湖南师范学院院刊《湖南师院》在1958年元旦特刊上，首次发表了毛泽东的《蝶恋花》。当时题为《蝶恋花·赠李淑一》，1963年版《毛主席诗词》中，"赠"改为"答"，成为《蝶恋花·答李淑一》。

4. 李淑一情系《蝶恋花》

　　1959年6月27日，毛泽东在长沙接见了杨开慧的兄嫂杨开智与李崇德，同时接见了李淑一。李淑一和毛泽东握手时激动地说："主席，你还记得我？你给我的《蝶恋花》，我可忘不了。"毛泽东笑着频频点头，指着她向在座的华国锋等人介绍说："她就是李淑一，是开慧的好朋友。她前年把悼念直荀的词寄给我，我就写了《蝶恋花》这首和她，完全是按她的意思和的。"

　　李淑一对《蝶恋花》词是常记在心，念念不忘。她多次撰文介绍杨开慧、柳直荀英勇斗争的光辉事迹，美好崇高的品德，谈她读词的体会。她曾说："'我失骄杨君失柳'，有人对'骄'字感到不解，以为是那个'娇'字；我看这个'骄'字用得太好了。正像毛主席的一位老朋友说的：女子革命而丧其元，焉得不骄！"她还说："我抄给主席的词里写道：'征人何处觅，六载无消息。'主席向我回答了'征人'的去处：'杨柳轻飏直上重霄九'。我词的最后两句'醒忆别伊时，满衫清泪滋。'主席回答我的是'忽报人间曾伏虎，泪飞顿作倾盆雨。'我是在想念传闻中牺牲了的亲人，主席是答我烈士忠魂也因人民革命胜利而高兴落

165

泪。主席的词写出了烈士的高尚气节和伟大革命精神。主席是了解他们的。"

1959年，李淑一被她五妹季明接住上海休养。当时，她写过一首《五妹季明接游申江喜赋》的七言古风。诗中写道：

> 桐园女士老长沙，来到申江五妹家。
> 四女欢欣齐出见，声声唤我大姨妈。
> ……
> 沪上繁华瞻仰尽，西湖游览待春华。
> 幸福晚年真幸福，退休蒙党照顾嘉。
> 若问桐园谁氏女？主席曾赠《蝶恋花》。

1977年9月9日，李淑一为纪念毛泽东逝世一周年，发表了一首七律：

> 忆昔星沙识伟姿，重逢正是盛明时。
> 毕生事业为黎庶，四海人民仰导师。
> 怀念忠魂弥恳挚，暖如朝日更温慈。
> 九霄杨柳春常在，附骥深惭蝶恋词。

5. 称"杨花"也很贴切

有一天，毛岸青、邵华请求父亲把《蝶恋花·答李淑一》书写给他们，以作永久纪念。毛泽东坐到桌前，一边慢慢地蘸着笔，一边凝神思索。良久，他轻轻地铺开了宣纸，缓缓地用手抚平，悬起手腕，提笔写下了"我失杨花"四个字。岸青、邵华以为父亲笔下有误，忍不住问道："爸爸，不是'骄杨'吗？"

毛泽东停止了笔，思索了一下，岸青、邵华赶紧递过一张洁白的宣纸，让爸爸重写。但毛泽东没有把纸接过去，而是缓缓地说："称'杨花'也很贴切。"说罢，略一定神，便一气呵成写完了《蝶恋花·答李淑一》词。他稍稍端详了一下，双手拿起，交给了儿子、儿媳。

岸青、邵华双双接过，看着那遒劲潇洒的墨迹，激动万分，泪水一下子模糊了他们的视线，他们深深体会到，称"骄杨"，写的是英勇坚贞的革命战士杨开慧，表达了爸爸对妈妈的赞美；称"杨花"，写的是纯洁、温情的妻子杨开慧，表达出爸爸对妈妈的亲近之情。

6. 周恩来讲析《蝶恋花》

《蝶恋花·答李淑一》公开发表后，受到了人民群众的普遍欢迎，很快在全国流传开来。许多艺术家们，根据这首词的意境编成舞蹈、戏剧，搬上舞台演出，还配上乐曲，广为歌唱。1960年，周恩来在上海听了评弹团的演员用评弹曲唱了《蝶恋花·答李淑一》，高兴地说："你们唱得很好。"他还对演员们解释了这首词的含义。有个演员唱"泪飞顿作倾盆雨"时，有一个挥泪的动作，周恩来向这位演员说："忠魂烈士的眼泪是欢庆胜利的眼泪，是激动的眼泪，是高兴的眼泪，不能有悲哀的情绪。"

1963年，周恩来听了昆明部队歌舞团一位演员唱了评弹《蝶恋花·答李淑一》，便马上找来这位演员，问她什么时候学会唱的，是哪里人，能否理解这首词的深刻含义。了解后，他热情指出，一个从小在云南长大的女孩子，学会唱这种江苏地方特色很强的评弹，很不容易。他说，《蝶恋花·答李淑一》表达了毛主席缅怀革命先烈、热情赞颂他们奋斗牺牲精神的感情。前赴后继的革命力量已经把旧世界打得落花流水，建立了伟大的中华人民共和国，先烈们的英灵也得到了慰藉，同我们一起洒着激动的泪花，欢庆人民革命的胜利。唱这首词曲，要怀着深厚的革命热情，才能表达得准确。

7. 张映哲唱《蝶恋花》

空政文工团女高音歌唱家张映哲，因唱电影《英雄儿女》主题歌《英雄赞歌》而走红。1959年6月1日至7月24日，解放军第二届文艺会演在北京举行。会演中，张映哲一展她那充满激情的歌喉、富有诗意的情调，演唱了《蝶恋花·答李淑一》，大受欢迎。同年秋，空政文工团指定张映哲到中南海为毛主席唱《蝶恋花·答李淑一》。

一天晚上演出时，毛泽东、周恩来、刘少奇、朱德等中央领导坐在台下。张映哲上台后，看见毛主席坐在前排，距离自己仅有几米，正好面对自己。从来都不怯场的她突然感到有点儿紧张，心咚咚直跳。音乐响起，她努力保持着内心的平静，用深沉浑厚的嗓音唱完了《蝶恋花·答李淑一》。歌一停，台下想起了热烈的掌声。

张映哲在台上清楚地看到，毛泽东也在向她鼓掌。"毛主席听我唱《蝶恋花·答李淑一》了！毛主席向我鼓掌了！"一股暖流涌上了她的心头，泪水止不住地从她脸颊流淌下来。

演出结束后，毛泽东长时间地握着张映哲的手，亲切地说："谢谢你，你唱得很好！"张映哲听了，心情更激动，喉头哽咽着，不知说什么。当时任歌舞团分队长的李跃先，后来谈起张映哲那天为毛主席唱《蝶恋花·答李淑一》的情景，略带几分调侃地说："那天，她在毛主席面前哭得一塌糊涂，下来以后还哭！我们想劝一劝，谁劝都不行，还劝不住，老哭！她太激动了。"

1959年10月，在庆祝建国十周年文艺晚会上，周恩来再次看了张映哲演唱的《蝶恋花·答李淑一》。

1964年全军第三届文艺会演，张映哲演唱了《七律二首·送瘟神》。周恩来看了她的演唱，问她："我看你毛主席诗词唱得不错，你能不能成为唱毛主席诗词的专家？"

张映哲不好意思地摇摇头说："总理，我水平低，成不了专家。"

周恩来笑着鼓励她："你学习嘛！"

张映哲遵照周恩来的指示,加强了对毛泽东诗词的学习。继《蝶恋花·答李淑一》、《七律二首·送瘟神》之后,张映哲又先后唱了为毛泽东诗词谱写的许多歌曲。

参考资料:

① 张林岚:《访李淑一》,《新民晚报》1959 年 4 月 25—27 日。

② 张明霞:《回忆〈蝶恋花·答李淑一〉发表的经过》,福建师范大学中文系《毛主席诗词》教研组编:《研究动态》1979 年 10 月 20 日。

③ 李淑一:《毛主席灿如红日光照人间》,《人民日报》1977 年 12 月 22 日。

④ 毛岸青、邵华:《滚烫的回忆》,《人民文学》1983 年第 12 期。

⑤ 赵开生、石文磊《放声高歌〈蝶恋花〉》,《光明日报》1977 年 1 月 19 日。

⑥ 《敬爱的周总理,文艺战士怀念您!》,《云南日报》1977 年 1 月 12 日。

⑦ 中国共产党新闻网:《一对孪生姐妹记忆中的中南海舞会》,2008 年 12 月 19 日。

发表十八首诗词

1956 年 11 月尾的一天，才组建不多日的《诗刊》编委会开会，讨论创刊号的发稿。副主编徐迟说他搜集了毛主席的八首诗词，建议在创刊号上发表，大家一致赞同，觉得这样做意义重大，不仅对《诗刊》来说可以显示它创刊的重要，在新中国文坛上的显著地位，就是对于新中国诗歌的创作与繁荣，也必将会产生巨大而深刻的影响。自然，也还出于对领袖的崇敬与对领袖诗词珍爱的感情。但是，大家又担心毛主席会不会同意发表。因为编委们深知，尽管毛主席早已是享誉中外的诗人，他的诗词有不少在社会上广为流传，特别是像《七律·长征》、《沁园春·雪》，不仅在中国，就是在海外也广为人知，但是他从来没有正式发表过诗词。如果这次毛主席不同意发表呢……

徐迟想到给毛主席写信，但信怎么写呢？大家又有些为难。一天，徐迟同诗人冯至谈起，冯至想了想说："给主席写信，就说他的诗词四处传抄，国外也有翻译，传来抄去，可能有误，似有错字。为防止以讹传讹，请他订正……"徐迟听了大喜，急回编辑部和编委们商议，大家认为甚妙。于是，便由徐迟拟稿，吕剑抄写，在洁白的宣纸上，用毛笔恭书，主编、副主编及五位编委依次签名：臧克家、徐迟、吕剑、严辰、田间、艾青、沙鸥、袁水拍，并立即送往中南海。

经过了一个多月的盼望、等待，1957 年 1 月 12 日，中南海给《诗刊》社来了电话，说中央有重要信件送来，请主编在编辑部等候。不一会儿，中国文联总收发室给《诗刊》社来了电话，说中共中央有急件，要该社派人去领取。主管编务的同志很快就去捧回了一个牛皮纸的大信封，信封中央偏上，是毛笔草书的"诗刊社"三个醒目大字，大家一看那笔迹，知道是毛主席亲笔所书，顿时兴奋起来，且多少有些紧张，屏息静气地盯着徐迟打开信封时那微微颤抖着的双手。待取出一看，是厚厚的一叠诗稿和一封信。诗词不是八首，而是18首！用钢笔抄写，字迹娟秀，还有用铅笔改动的字和标点。信写在印有红线条的信笺上，笔画龙飞凤舞，刚劲有力，是毛主席亲笔书写。信的全文如下：

克家同志和各位同志：

惠书早已收到，迟复为歉！遵嘱将记得起来的旧体诗词，连同你们寄来的八首，一共十八首，抄寄如另纸，请加审处。

这些东西，我历来不愿正式发表，因为是旧体，怕谬种流传，贻误青年；再则诗味不多，没有什么特色。既然你们以为可以刊载，又可为已经传抄的几首改正错字，那么，就照你们的意见办吧。

《诗刊》出版，很好，祝它成长发展。诗当然以新诗为主体，旧诗可以写一些，但是不宜在青年中提倡，因为这种体裁束缚思想，又不易学。这些话仅供你们参考。

同志的敬礼！

毛泽东

一九五七年一月十二日

1957年1月《诗刊》创刊号，发表了毛泽东十八首诗词，连同《致臧克家等》的一封信。

自此，毛泽东正式以诗人的面貌走向了人民。

参考资料：

    ① 臧克家:《在毛主席那里做客》，河北人民出版社 1992 年版。

    ② 晏明:《才华横溢硕果累累》,《新文学史料》1997 年第 3 期。

浮想联翩　夜不能寐

　　1958 年 6 月 10 日，杭州西子湖畔刘庄，毛泽东坐在一张藤椅上，正在看当天的《人民日报》。卫士封耀松轻轻地走近，说："主席，我回来了。"原来，封耀松的家在杭州。一到杭州，毛泽东便叫小封回家看看，还专门委托罗秘书买了些东西陪小封去看望父母。

　　毛泽东应声说："唔，你爸爸妈妈都好吧？"

　　"都很好，他们……"小封没有讲下去。因为毛泽东只瞟了他一眼，便又将目光转向报纸。那神情告诉小封，主席正在思考。他全部精力都聚集在那张报纸上，嘴唇翕动着，像是念念有词，发出一串串绵长而抑扬顿挫的哼哼声，头不时地轻晃几下。一会儿，毛泽东将报纸精心折两折，起身踱到窗前，停步，深吸一口气，又踱回桌旁，在椅子上坐下，抬起手中的报纸看，很快又站起来走到床边，躺下去，上身倚着靠枕，眼望天花板，接着又站起来踱步……他显得激动，且时时宽慰地舒口长气。

　　他回到床上，半躺半坐，斜靠着靠枕。他又拿起那张报纸看，头也不抬地说："小封，把笔和纸拿来。"

　　毛泽东有躺在床上看书批阅文件的习惯。小封拿了一张白纸、一支铅笔给他。他将报纸垫在白纸下边，鼻子里唱歌似地哼哼两声，便落下笔去。不曾写得四五个字，立刻涂掉。摇晃着头又哼，哼过又落笔。

　　小封从不曾见毛泽东这种办公法，大为诧异，却无论如何听不出哼的是什么。

毛泽东就这样写了涂，涂了哼，哼一下又写。涂涂写写，哼来哼去，精神劲儿越来越旺。终于，小封听清这样两句："坐地日行八万里，巡天遥看一千河。"莫非是写诗？小封猜想着。

毛泽东忽然欠起身，用手拍拍身后的靠枕。长期生活在主席身边，小封已很会理解他的意图，忙过去抱被子，将他的靠枕垫高些，扶他重新躺好。于是，小封才看清了那张涂抹成一团的纸，字很草，看不懂。

"主席，你哼哼啥呀？天快亮了，明天你还要开会呢。"小封借机提醒他老人家。

"睡不着呀。"毛泽东挪开稿纸，指点着报纸："江西余江县消灭了血吸虫。不容易啊！如果全国农村都消灭了血吸虫，那该多好呀。"

小封低下头去看，那条消息不长，不过一块"豆腐干"。就这样一条不怎么显眼的消息主席也没放过，他看到了，激动了，睡不着觉，做诗了！

毛泽东继续哼了写，写了涂；涂了又哼，哼过又写。折腾有两个多小时，轻轻一拍大腿，说："小封，你听听怎么样——绿水青山枉自多，华佗无奈小虫何！……"

说实在的，就小封那文化水平，诗人这首诗让小封读上几遍，小封也未必能说出个子丑寅卯来。但小封听着听着，却生出一种莫名其妙的美感。"日行八万里"，"遥看一千河"，"天连五岭"，"地动三河"这样的句子，经诗人那特殊韵味的湘音抑扬顿挫地朗诵出，小封竟然着迷，朦胧中像在听一首美妙动人的抒情曲，又像漫游在神秘的童话世界中。小封真心诚意地说："真好，太好了。"

毛泽东望住小封："什么地方好？"小封张了张嘴说："句句都好。"

"那你明白意思吗？"

"我……反正听着就是好。"

"告诉你吧，是我们的人民真好，太好了。"

"嗯。"毛泽东欣然下床，转转腰，晃晃头，在房间走了走，走到窗前，哗啦！他拉开了窗帘，朝外张望，火红的云霞像海浪一般涌动，将他的脸映得红光闪亮，神采奕奕。清凉的晨风微微拂面，他感到相当惬意。

　　他在窗前站了一会儿，转身走到办公桌前，坐下，提起毛笔，蘸了墨，重写一遍那诗。写完了，说："去把秘书叫来。"

　　小封叫来秘书高智。毛泽东指着诗稿交代："你把这个拿去誊誊。"

　　艳红的朝阳已经照到窗上。毛泽东又拿起那张《人民日报》，重看余江县消灭血吸虫病的消息。他上午仍没睡，下午照常参加会议。这天，7月1日，中国共产党的生日。

　　毛泽东写的诗，就是著名的《七律二首·送瘟神》。诗题下，有段序：

　　　　读六月三十日人民日报，余江县消灭了血吸虫。浮想联翩，
　　夜不能寐。微风拂煦，旭日临窗。遥望南天，欣然命笔。

　　　　　　绿水青山枉自多，华佗无奈小虫何！
　　　　　　千村薜荔人遗矢，万户萧疏鬼唱歌。
　　　　　　坐地日行八万里，巡天遥看一千河。
　　　　　　牛郎欲问瘟神事，一样悲欢逐逝波。

　　　　　　　　其二
　　　　　　春风杨柳万千条，六亿神州尽舜尧。
　　　　　　红雨随心翻作浪，青山着意化为桥。
　　　　　　天连五岭银锄落，地动三河铁臂摇。
　　　　　　借问瘟君欲何往，纸船明烛照天烧。

　　　　——《毛泽东诗词集》，中央文献出版社1996年版，
　　　　第104—105页。

诗人还写了一个《后记》：

　　　　六月三十日《人民日报》发表文章说：余江县基本消灭了血吸虫，
　　十二省、市灭疫大有希望。我就写了两首宣传诗，略等于近年的招

贴画，聊为一臂之助。就血吸虫所毁灭我们的生命而言，远强于过去打过我们的任何一个或几个帝国主义。八国联军，抗日战争，就毁人一点来说，都不及血吸虫。除开历史上死掉的人以外，现在尚有一千万人患疫，一万万人受疫的威胁。是可忍，孰不可忍？然而今之华佗们在早几年大多信心不足，近一二年干劲渐高，因而有希望。主要是党抓起来了，群众大规模发动起来了。党组织，科学家，人民群众，三者结合起来，瘟神就只好走路了。

同日，即7月1日，毛泽东还就这两首诗给胡乔木写了一信，说："睡不着觉，写了两首宣传诗，为灭血吸虫而作。请你同《人民日报》文艺组同志商量一下，看可用否？如有修改，请告诉我。如可以用，请在明天或后天《人民日报》上发表，不使冷气。灭血吸虫是一场恶战。诗中坐地、巡天、红雨、三河之类，可能有些人看不懂，可以不要理他。过一会，或须作点解释。"

这两首七律直到10月3日，才在《人民日报》上发表，原因是诗人在对诗作反复修改。25日，毛泽东在致周世钊信中，对"坐地"、"巡天"作了解释：

坐地日行八万里，……是有数据的。地球直径约一万二千五百公里，以圆周率三点一四一六乘之，得约四万公里，即八万华里，这是地球的自转（即一天时间）历程。坐火车、轮船、汽车，要付代价，叫做旅行。坐地球不付代价（即不买车票），日行八万华里，问人这是旅行吗，答曰不是，我一动也没有动。真是岂有此理！囿于习俗，迷信未除。完全的日常生活，许多人却以为怪。巡天，即谓我们这个太阳系（地球在内）每日每时都在银河系里穿来穿去。银河一河也，河则无限，"一千"言其多而已。我们人类只是"巡"在一条河中，"看"则可以无数。牛郎晋人，血吸虫病，蛊病，俗名鼓胀病，周秦汉累见书传，牛郎自然关心他的乡人，要问瘟神情况如何了。

参考资料：

① 徐运北:《毛主席指挥送瘟神》,《缅怀毛泽东》(上)，中央文献出版社 1993 年版。

② 权延赤:《红墙内外》，昆仑出版社 1989 年版。

③ 《毛泽东书信选集》，人民出版社 1983 年版。

试仿陆游《示儿》诗

　　1958 年 9 月，文物出版社出版了一种刻印的大字本《毛主席诗词十九首》，装帧古朴精美，正文页边留白甚多，利于读者、学者作眉批、旁批，写下阅读的心得甚或作笺注。1958 年 12 月，毛泽东在广州，翻阅这样的一本书时，在里面作了一些批注，并为此写了个“说明”，因其中有他试仿陆游《示儿》所写的一首抒发自己情怀的诗，故全文抄如下：

　　我的几首歪词，发表以后，注家蜂起，全是好心。一部分说对了，一部分说得不对，我有说明的责任。一九五八年十二月，在广州，见文物出版社一九五八年九月刊本，天头甚宽，因而写了下面的一些字，谢注家，兼谢读者。鲁迅一九二七年在广州，修改他的《古小说钩沉》，然后说道：于时云海沉沉，星月澄碧，饕蚊遥叹，予在广州。（原编者按：这是毛泽东凭记忆写的。鲁迅一九二七年在广州编校《唐宋传奇集》，作《序例》，文末题记说：“时大雾弥天，璧月澄照，饕蚊遥叹，余在广州。”《唐宋传奇集》上册一九二七年十二月由北新书局出版，次年二月续出下册。）从那时到今天，三十一年了，大陆上饕蚊灭得差不多了，当然革命尚未成功，同志仍须努力。港台一带，饕蚊尚多，西方世界，饕蚊成阵。安得起全世界各民族千百万愚公，用他们自己的移山办法，把蚊阵一扫而空，岂不伟哉！试仿陆放翁曰：人类今闲上太空，但悲不见五洲同。愚公扫尽饕蚊日，公祭无忘告马翁。

毛泽东

一九五八年十二月二十一日上午十时

这首诗中的"闲"字，在《毛泽东诗词集》中作"娴"，似费解。

参考资料：

　①《建国以来毛泽东文稿》第七册，中央文献出版社 1992 年版。

怀念父母　宴请乡亲

1959 年 6 月 25 日下午，毛泽东回到韶山了。

"毛主席回来啦！""毛主席回来啦！"人们奔走相告，韶山很快沸腾起来。在毛泽东停车处松山一号寓所后来被称为"故园"的场子上，不到片刻，就来了许多父老乡亲。他们拍掌，欢呼，流泪，微笑，不住地说：毛主席，你可回来了！

公社党委书记毛继生来了，韶山大队党支部书记毛松华来了。

毛泽东对他们说："我离开韶山几十年哒，要请乡亲们吃餐便饭。"他一边扳着指头一边说："一是我的亲属——老表、堂兄弟；二是韶山冲的烈属、军属；三是老地下党员；四是农民协会老自卫队员。"他还具体提到一些人的名字，共有 40 多人。他最后吩咐说："明天傍晚，请他们来吃晚饭。"

26 日凌晨，天刚大亮，毛泽东起床了，穿着米黄色衬衣和灰色长裤，在寓所前小坪上走了几步，便径直出门，过了迎宾桥，朝故居方向走去。罗瑞卿得知，紧紧跟上，还有几名警卫、摄影师侯波及周小舟等。

毛泽东来到故居对面叫楠竹坨的小山下，沿着山间杂草半封着的小路，踏着闪烁着晨光的露珠，默默地向茅遮草盖的山坡上走着。来到一稀疏的松林中，有一杂草封护的矮矮土堆，土堆旁立着高约一公尺的石碑。毛泽东默默地站住了。随行人员一看，知是毛泽东父母的坟，都随主席默默站着。警卫员沈同很机灵，迅速折了几根松枝，用野草缠成一个松圈，递给了主席。毛泽东恭恭敬敬地将松圈放在坟前，深深地三鞠躬，轻轻念着："前人辛苦，后人幸福。"沉默了约一分钟，又念道："先天下之忧而忧，后天下之乐而乐。"他离开父母亲的墓地往回走，对身边的罗瑞卿等人说："我们共产党人，是彻底的唯物主义者，不迷信什么鬼神。但生我者父母，教我者党、同志、老师、朋友也，还得承认。下次再回，我还得去看他们二位。"

毛泽东下山，抄近道，由土地冲直下，来到他家过去耕种过的几丘田旁，见田里有不少杉树苗和女贞树苗，但杂草很深，几乎把树苗都封住了。他脸上露出严肃的神情："山里还有绿化，田里却'绿化'了！难怪减产啊！"

之后，毛泽东来到了阔别 32 年的故居。

故居倚山而建，土砖砌成，左边稻草盖顶的是邻居，右边黑瓦盖顶的是毛泽东的家。过去遭国民党反动派的破坏，新中国成立后，人民政府根据当地老人回忆进行了修复。乡亲们站在故居门前，夹道欢迎从韶山走上了天安门城楼宣布中华人民共和国成立的伟大人物归来，掌声像鞭炮声骤响。毛泽东边走边挥手向乡亲们致意，兴奋地和大家一一握手。

他走进堂屋，对神龛作了个揖，对身边的罗瑞卿、周小舟等人说："这是我小时候初一十五工作的地方。"他看了下神龛上面祖宗牌位，又说："小时候，我随母亲信过佛，后来慢慢不信了。"在退堂屋，见里面放置了水缸、水桶、脚盆等什物，碗柜上写了"原物"二字，毛泽东惊奇地问："这些东西还保存了？"毛乾吉说："有些是韶山人民冒着生命危险保存的，有些是乡亲们送来的，有些找不到原物则是复制的。"毛泽东很是感激。

穿过横堂屋，毛泽东来到了双亲的卧室。他在两位老人的遗像前伫立了一会儿，往母亲像那边移了一步，又往前移了一步，默默地凝望了一阵，说："这是一九一九年春母亲到长沙养病住在蔡和森家里照的。当时我母亲患的是淋巴结核，这样的病并不难治，只是那时医术不发达，经济也有困难，才没有治好。"他的父亲于第二年去世，年近五十，患的是重伤寒。

毛泽东在他当年住房里看了下，便来到毛泽覃的卧室。他看着墙上的泽覃遗像说："这是我泽覃六弟。他很聪明，胆量比我还大哩。"

下午，毛泽东去看望了烈士家属，在韶山水库游泳。傍晚，他在住处宴请乡亲。等客人都到了，他手持酒杯，站起来说："我离开家乡几十年了，今天特请各位长辈、亲朋、革命老人来吃顿便饭。"他一边说，一边到各位老人面前敬酒。来到一位银须飘拂的老人面前，他说："宇居大哥，向你敬酒。"毛宇居曾是毛泽东的塾师，已78岁高龄，连忙起身说："主席敬酒，岂敢岂敢。"毛泽东一笑，将酒杯高举起说："尊老敬贤，应该应该。"场面顿时大为热烈，大家都随意地吃喝起来。

饭后，毛泽东留下一些年长的乡亲开座谈会，并叫当地的社队干部也参加，乡亲们对征粮购粮、食堂、干部作风提了许多意见，直谈到农历五月下旬的半轮明月上了东山头，他才将乡亲们送走。

银河慢转，繁星满天，凉风轻轻，松林静寂，大地已经沉睡了，"松山一号"里还亮着灯光，一个高大的身影不时在窗玻璃上晃动。毛泽东本来就有夜间工作的习惯，但这晚，他没看书，也没批阅文件，思绪久久不能平静。他想得很多很多，32年前的许多往事，风卷云飞般地在脑屏上一幕一幕闪过，许多熟悉的身影纷至沓来，彼现此隐：父母、兄弟、朋侣、师友、老农协会骨干……他已经吃过两次安眠药了，仍很兴奋。他来到床边坐下，靠在垫起的被子上，吩咐卫士封耀松："小封，把纸笔拿来。"

小封拿来了铅笔白纸。毛泽东将报纸垫在白纸下面，用铅笔在纸上写了涂，涂了写，不时哼哼出声。当哼哼声停止凝思默想时，小封发现他眼圈有些红，湿漉漉的，心想：老人家动感情了，又在写诗了。

一会儿，毛泽东轻轻合上眼。小封看到他的胸脯在微微起伏，里面像有什么东西在咕咕咕。好一会，毛泽东抬起眼皮，粗粗地呼了口气，继续写，继续涂，继续哼，反复很久。

"小封哪，我起来吧。"毛泽东望着稿子说。

　　小封扶主席下床。主席在房里走来走去，小声吟诵："别梦依稀咒逝川，故园三十二年前……"

　　小封在一边听着听着，觉得这一次全听懂了，仿佛32年前的韶山农民革命斗争的情景，波澜壮阔地从眼前掠过："红旗卷起农奴戟……"，随即又消失，面前只站着凝思默想的毛主席。小封小声说："主席，该休息了。'

　　毛泽东提起笔，重新写了诗稿：

七律　到韶山

　　一九五九年六月二十五日到韶山。离开这个地方已有三十二周年了。

　　　　别梦依稀咒逝川，故园三十二年前。

　　　　红旗卷起农奴戟，黑手高悬霸主鞭。

　　　　为有牺牲多壮志，敢叫日月换新天。

　　　　喜看稻菽千层浪，遍地英雄下夕烟。

——《毛泽东诗词集》，中央文献出版社1996年版，
第110页。

　　对这首诗，毛泽东自己做过一些解释。他说："'咒逝川'、'三十二年前'，指大革命失败，反动派镇压了革命。这里的'霸主'，就是指蒋介石。"他还说，诗的第二联"写那个时期的阶级斗争。通首写三十二年历史。"

参考资料：

　　① 权延赤：《红墙内外》，昆仑出版社1989年版。

　　② 萧心力：《巡视大江南北的毛泽东》，中国社会科学出版社1993年版。

热风吹雨洒江天

故园之行，毛泽东心情是愉快的，刚上庐山，他就写了一首诗：

七律　登庐山

一九五九年六月二十九日登庐山，望鄱阳湖、扬子江，
千峦竞秀，万壑争流，红日方升，成诗八句。

一山飞峙大江边，跃上葱茏四百旋。

冷眼向洋看世界，热风吹雨洒江天。

云横九派浮黄鹤，浪下三吴起白烟。

陶令不知何处去，桃花源里可耕田？

——《毛泽东诗词集》，中央文献出版社1996年版，第113页。

毛泽东上庐山，不是为着揽奇探胜，寻觅诗的灵感，是为在庐山上同各协作区主任谈话和主持召开中共中央政治局扩大会议。

会议伊始，毛泽东将新作《到韶山》、《登庐山》给"秀才"胡乔木、周小舟看，请他们提意见、修改，因之便传了出去，大家争相传抄，品吟，由是而诗兴蔚起，即景赋诗，相互唱酬，极具雅兴。

董必武赋诗《七律·初游庐山》：

庐山面目真难识，叠嶂层峦竞胜奇。

乍雨乍晴云出没，时高时低路平陂。

盘桓最好寻花径，伫立俄延读御碑。

如许周颠遗迹在，访仙何处至今疑。

朱德赋诗《七律·和董必武同志〈初游庐山〉》：

庐山真面何难识，扬子江边一岭奇。

公路崎岖开古道，林园宛转创新陂。

行游险处防盲目，向导堪称指路碑。

五老峰前庄稼好，今年跃进不须疑。

林伯渠填词一首《浪淘沙·庐山即景》：

牯岭雨声喧，气象万千。爱听东谷水潺湲。日照香炉知何处？雾里云端。　智慧何人先？卡尔开山。重峦叠嶂更新鲜。一二三四大手笔，宝藏兴焉。

林老还以《庐山即景》为题，写有七律四首，其中有两首步董必武《七律·初游庐山》诗韵。可见当时庐山诗风之盛。

毛泽东诗兴甚浓，他向多人征求意见，反复修改《到韶山》和《登庐山》。"别梦依稀咒逝川"中之"咒"原为"哭"，梅白建议改为"咒"，他觉得"咒"字好，便戏称梅白为"半字师"。他还两次致信胡乔木，请胡将这两首诗陈送郭沫若审改。7月5日，他在一份关于粮食分配收支计划调整的报告上，写了一个关于《粮食问题》的批语。写着写着，心里高兴，诗兴来了，信笔所之，写了一首有民歌风味的诗：

手里有粮，心里不慌。

脚踏实地，喜气洋洋。

——《建国以来毛泽东文稿》第八册，中央文献出版社
1993年版，第337页。

会议之间，毛泽东常邀一些同志谈话。谈着谈着，话题就到诗词上了。

4日，毛泽东对王任重、刘建勋和梅白说："我今天有一点空闲，请你们三位与我共进晚餐，如何？"他们很高兴，一同去毛泽东的住处。席间，毛泽东兴致很高，除了说国际或国内的一些事，还谈起了《红楼梦》。一会儿，和梅白谈起了诗。他念道："遇事虚怀观一是，与人和气察群言。"接着便问梅白："你晓得这是哪个的作品？"

梅白说："是不是明代杨继盛的诗？"

毛泽东高兴地笑了："是的，这是椒山先生的名句。我从年轻的时候就喜欢这两句，并照此去做。这几十年的体会是，头一句'遇事虚怀观一是'，难就难在'遇事'这两个字上，即有时虚怀，有时并不怎么虚怀。第二句，'与人和气察群言'，难在'察'字上面。察，不是一般的察言观色，而是要虚心体察，这样才能从群言中汲取智慧的力量。诗言志。椒山先生有此志，乃有此诗。这一点并无惊天动地之处，但从平易见精深，这样的诗才是中国格律诗的精品。唐人诗曰：'邑有流亡愧俸钱'（韦应物《寄李儋元锡》），这寥寥七字，写出了古代清官的胸怀，也写出了古代知识分子的高尚情操。写诗就要写出自己的襟怀和情操，这样才能引起读者共鸣，才能使人感奋。"

参考资料：

① 《建国以来毛泽东文稿》第八册，中央文献出版社1993年版。

② 郭思敏编：《我眼中的毛泽东》，河北人民出版社1990年版。

为女民兵照片题诗

20 世纪 50 年代后期，毛泽东提出，要全民皆兵，要大办民兵师。北京首先成立了民兵师，为了参加建国十周年的庆典检阅，还成立了民兵方队。

当时在中央办公厅从事机要工作的李原慧，参加了首都民兵方队的两个多月的军事训练。1959 年 10 月 1 日，李原慧参加了首都民兵方队检阅后，全副武装，照了相。她将照片放在自己的皮包中，珍藏着。

1960 年，毛泽东巡视大江南北，进行调查研究，李原慧等工作人员随行。

一天，李原慧等人员向毛泽东汇报了当天的社会调查情况后，毛泽东同他们一起聊天，谈家常。这时，李原慧谈到自己去年国庆参加过首都民兵方队检阅，还照了相的。说着，她打开小皮包，从中拿出了照片。大家争着传看，毛泽东说："小李，什么照片，让我看看。"李原慧笑着双手将照片递上，毛泽东接过，仔细看了照片后说："好啊！好英武的照片，挺精神的。是应该训练，既能文，又能武。你们年轻人就是要有志气，不要学林黛玉，要学花木兰、穆桂英啊！"接着他又说："小李啊，这张照片送给我做纪念吧，行吗？"李原慧腼腆地笑着点点头说："好，送给您。"毛泽东又看了看照片，将照片放进了自己的手稿里。

1961 年春，毛泽东回到中南海。他清理手稿，看到了李原慧的照片。他看着照片，不禁沉思起来。一会儿，他提起笔，濡着墨，在一张洁白的纸上，迅即写下一首诗《为女民兵题照》：

飒爽英姿五尺枪，曙光初照演兵场。

中华儿女多奇志，不爱红装爱武装。

——《毛泽东诗词集》，中央文献出版社 1996 年版，
第 116 页。

这时，李原慧正在机要秘书处整理资料。毛泽东手托着写了诗的白纸，走进了机要办公室，对李原慧说："小李，拿了你的照片，我也要赠给你一份礼物，这是我刚才写的诗，就送给你了。"

李原慧真是喜出望外。她看了看满脸慈祥的主席，再看了看主席写的诗，看那遒劲有力的草书，非常激动："主席，真是太感谢您哪！"在场的工作人员看了，都为李原慧高兴，热烈向她祝贺。

参考资料：

① 覃波:《毛泽东〈为女民兵题照〉其人其事》,《湘潮》2009 年第 5 期。

为江青摄影作品题诗

  武汉社会科学院研究员马社香，于2002年7月30日、2006年11月、12月，多次对毛泽民夫人朱旦华进行了访问。近来，她将访问所录进行了整理，以《对毛泽东婚姻家庭的几点认识——毛泽民夫人朱旦华访谈录》为题，将相关内容整理成文，发表在《党的文献》2012年第五期上。其中有毛泽东为江青摄影作品题诗的相关叙述，符合《毛泽东诗词佳话》编写的需要，特予以抄录，略有删节。

  ……主席对江青认真学摄影一直比较支持。上世纪五十年代亲自请石少华到家里做客，郑重拜托。

  我想说一说一九六一年他在庐山拍摄仙人洞照片的事。那年夏天，中央工作会议在庐山召开，江青随主席上了山。江西省委在中央会议前夕在庐山开了一个会，……散会后我没有下山，住在山上。江青曾去看过我。……两人谈家常话，江青告诉我正在拍摄庐山的云，我一听笑了起来。云，飘忽不定。自古以来写或画庐山云的都比较多，但真正好的作品，传下来的太少了。江青说，没有想那么多，只是主席和她都非常喜欢庐山的云。一九六一年夏主席经常去含鄱口，看山看云，并再次抄写李白的《庐山谣》，分别赠送刘松林和庐山党委。一九六一年夏天，江青在庐山拍摄了很多庐山云的照片，取景角度各有特色，还给我看过。她将较好的几张放大了，放在180别墅（即庐山美庐别墅，1959年夏和

1961 年夏, 主席、江青曾下榻该处——原编者注) 二楼客厅桌上, 其中有一张就是 "庐山仙人洞" 那张照片。主席有一天在书房工作后休息, 走到客厅, 一眼看到这张照片, 就拿起来细看, 主席非常喜欢这张照片的灵感。江青曾对我说过, 主席多次凝看照片, 认为环绕苍松的乱云从容不迫, 象征着我党和中华民族不畏强暴的精神。当时以美国为首的帝国主义阵营和苏联对我们是重重围困啊。主席就在庐山 180 别墅, 为这张照片题写了四句诗: "暮色苍茫看劲松, 乱云飞渡仍从容。天生一个仙人洞, 无限风光在险峰。"并写上 "为李进同志题所摄庐山仙人洞照"。(《毛泽东诗词集》, 中央文献出版社 1996 年版, 第 122 页) 李进是解放初期江青下去调研时起的化名。

参考资料:

① 《党的文献》2012 年第 5 期。

书赠蒙哥马利《水调歌头·游泳》

1961年9月，英国陆军元帅伯纳德·劳·蒙哥马利第二次来到了中国。根据毛泽东和周恩来的要求，"放开让蒙哥马利看"。9月9日至20日，蒙哥马利参观、访问了中国内地的包头、太原、延安、西安、三门峡、洛阳、郑州、武汉等地，在这之前，这些内地城市未曾对西方政要开放过。

9月23日中午，蒙哥马利从北京坐专机到达武汉。晚上六时半，毛泽东就在风景秀丽的东湖会见了蒙哥马利。这一次是老朋友重叙，完全没有那些外交客套。

蒙哥马利仔细地看了看毛泽东穿的宽大的中山装，好奇地问："毛主席是世界上最大军队的统帅，杰出的军事家，可没见你穿过军装、佩戴军衔的照片呀！"

毛泽东回答说："中国有一个《军衔条例》，他们要给我军衔，我不要。"

蒙哥马利觉得一个现役的统帅不要军衔，简直不可思议，就问："毛主席不想当元帅吗！"

毛泽东干脆地回答："他们要授予我大元帅，还做了一套大元帅服，我看都不看，什么帅、将、校，统统都不要。中国有了十位元帅，他们在打仗，我是个'军师'，中国的诸葛亮也没有军衔呀！"两人会心一笑，蒙哥马利对此十分敬佩。

他们一直交谈到晚上九点半才结束。快到分手的时候了，蒙哥马利送给毛泽东一盒"555"牌香烟，毛泽东道了谢，随即回赠了一些中国的名茶给蒙哥马利。

第二天，9月24日，是中国传统的中秋节，毛泽东设便宴，与蒙哥马利共进午餐。他们都身着便装，品尝着武昌鱼和螃蟹，味道鲜美，随意而谈，妙语连珠，不时开怀大笑。便宴持续到下午二时三十分。

毛泽东同蒙哥马利一同回到东湖宾馆，继续纵论天下，从武昌鱼到陆地海洋，无所不谈。

毛泽东说："我们吃的这种鱼，其实它叫团头鲂，因其形状扁扁的，武汉人就叫它鳊鱼。我在词里用了'武昌鱼'，又多了一个名称。"

蒙哥马利说："那种鱼肉嫩味香，冠上地方名就成为特产，您拥有着'专利'哩。"

他们随意而谈，从武昌鱼谈到生死问题，毛泽东说："我毛泽东是人，人总是要死的。中国古话说，七十三，八十四，阎王不请自己去。我再有四年时间足够了。我死了可以开个庆祝会，大家来庆祝辩证法的胜利。人如不死，从孔夫子到现在，地球就装不下了，新陈代谢嘛！"又是一阵毛泽东式的开怀大笑。

蒙哥马利："那毛主席是否考虑到继承人了呢？"

毛泽东："我一无土地，二无银行存款，继承我什么？'继承人'不是无产阶级的，还是中国红领巾的《中国少年先锋队歌》唱得好，'我们是无产阶级的接班人'，叫'接班人'好。"

蒙哥马利追问："您有具体接班的人选了吗？"

毛泽东伸着右手说："中国共产党有不少优秀人才，他们都能够担起建设新中国重担的。"

蒙哥马利十分敬佩，初步了解了毛泽东的人生哲学。

谈话一直进行到下午五时，毛泽东兴味盎然地要去游泳，邀请蒙哥马利一起畅游长江。蒙哥马利说，他不能在激流中游泳，可坐船看毛主席在长江里游泳。

毛泽东下水游了近一个小时，西装革履的蒙哥马利在船舷上欣赏着如鱼得水的毛泽东在中流击水，见他不断变换着侧游、仰泳、翻滚和潜泳，不时鼓掌，十分敬佩。他走向船边迎接毛泽东上了船，大加赞扬他特有的游泳姿势和水中彰显的气度。他说："毛主席在激流中游泳那样轻松自如，充满自信。游泳姿势独特，胜过世界冠军。"

毛泽东哈哈一笑："不少媒体称我独创了'毛式游泳姿势'，其实那是土造的。小时候，池塘水很浅，我手长要触底，就侧着身子两手向旁边划水，就习惯了这个样子。"

蒙哥马利："今天可是披露了您游泳专利的秘密啊！"说得周围的人都笑了。毛泽东："这次算饶了你，下次访问中国时，我们做横渡长江的比赛，好吗？"

蒙哥马利欣然答应，并说："我甘心当亚军。"第二天，蒙哥马利要回国了。毛泽东来到他下榻的汉口胜利饭店，一进门就说："为你送行，还送你一件礼物。"说着，就将亲笔书写的《水调歌头·游泳》送给他，上面还写着"赠蒙哥马利元帅"。

翻译人员告诉蒙哥马利：这是毛主席清晨四点钟起床后写的，现在还散发着墨香呢，并向他简要解说了游泳词的语句及典故大意。蒙哥马利得悉收到毛泽东亲笔书写的诗词是极为珍贵的，连声向毛泽东道谢，并称赞："毛主席既是统帅，又是一位伟大的诗人。能在一页纸上不足一百字的诗句中，通过游泳这件事，浪漫地预见了中国长江建设的宏伟蓝图，实在了不起。中国文化古老深邃，毛泽东的诗词奥妙无比。"这位英国元帅再次立正，端庄地向毛泽东敬了一个军礼。

参考资料：

① 陆儒德:《江海客——毛泽东》海洋出版社 2011 年版。

斑竹　友情　诗

　　1961年的某一天，李达、周世钊、乐天宇三位湖南老乡在一起商议去看望毛泽东。李达是中共一大的代表，周世钊是毛泽东湖南一师的同学，乐天宇与毛泽东早年在长沙就熟识。他们之间有着很深厚的友情。凑巧，乐天宇家乡宁远县有人送来了几根斑竹，色黑鲜亮，罗泪分明，是斑竹中的上品。乐天宇说，毛主席曾对他讲很喜欢九嶷山的斑竹，还以未上九嶷山而感到惋惜。于是三人商定，送一根斑竹给毛泽东，另外，李达送了两支斑竹管毛笔，并写了一首咏九嶷山的诗；周世钊送了一幅东汉文学家蔡邕写的文章的墨刻；乐天宇送一条幅，上半截是蔡邕写的《九疑山铭》的复制品，下半截是乐天宇自己写的一首七言古风《九嶷山颂》，落款署"九嶷山人"。

　　毛泽东收到三位老乡、老友的赠品与诗后，十分高兴，诗兴大发，写下了《七律·答友人》一诗：

　　　　九嶷山上白云飞，帝子乘风下翠微。
　　　　斑竹一枝千滴泪，红霞万朵百重衣。
　　　　洞庭波涌连天雪，长岛人歌动地诗。
　　　　我欲因之梦寥廓，芙蓉国里尽朝晖。

　　　　——《毛泽东诗词集》，中央文献出版社1996年版，
　　　　第118页。

这首诗一经面世，就受到读者的普遍欢迎，郭沫若、臧克家、赵朴初、周振甫等著名诗人、学者，热情撰文，对诗进行诠释、赏析。他们的文章，长短不一，用语有别，但基本的看法，惊人的一致，即都认为诗是借"帝子"来到人间以反映轰轰烈烈的社会主义建设的现实，展现更加辉煌壮丽的明天。学者们几乎都一致认为"帝子"，指尧帝的女儿女英、娥皇。郭沫若还广征博引，特注明"帝子"是复数。女英、娥皇同嫁舜帝。舜南巡，"崩于苍梧之野，葬于九疑"。女英、娥皇随舜不及、闻讯，泪洒湘地，竹尽为之斑，投湘江而死，为湘水之神。她们既然是神了，要来到人间，就会从九嶷山上乘风而下。有文章特指出"斑竹一枝千滴泪。红霞万朵百重衣"一联，是对比旧社会的辛酸与新社会的幸福。到了1975年秋，毛泽东对为他读书的芦荻说："人对自己的同年，自己的故乡，过去的朋侣，感情总是很深的，很难忘的，到老年就更容易回忆、怀念这些。……《七律·答友人》，'斑竹一枝千滴泪，红霞万朵百重衣'，就是怀念杨开慧的，杨开慧就是霞姑嘛！可是现在有的解释却不是这样，不符合我的思想。"

这一下，将此前所有报刊上发表的有关解读《七律·答友人》的文章，都给否定了。这给学者、读者留下了一个不得不思索、探讨的话题。

参考资料：

① 《羊城晚报》1982年5月26日、10月27日、1983年11月1日。

② 《洞庭湖》1986年第5期。

③ 杨建业：《在毛主席身边读书——访北京大学中文系讲师芦荻》，《光明日报》1978年12月29日。

不要"千刀当剐唐僧肉"了

1961年10月18日，郭沫若在北京民族文化宫观看了浙江省绍兴剧团演出的《孙悟空三打白骨精》，认为这出戏很有教育意义。剧团的同志们请郭沫若提点意见，郭沫若便于10月25日写诗一首以相赠：

> 七律　看《孙悟空三打白骨精》
> 人妖颠倒是非淆，对敌慈悲对友刁。
> 咒念金箍闻万遍，精逃白骨累三遭。
> 千刀当剐唐僧肉，一拔何亏大圣毛。
> 教育及时堪赞赏，猪犹智慧胜愚曹。

郭沫若将这首诗抄呈毛泽东。毛泽东看了，于11月17日，作《七律·和郭沫若同志》一诗以相和：

> 一从大地起风雷，便有精生白骨堆。
> 僧是愚氓犹可训，妖为鬼蜮必成灾。
> 金猴奋起千钧棒，玉宇澄清万里埃。
> 今日欢呼孙大圣，只缘妖雾又重来。

——《毛泽东诗词集》，中央文献出版社1996年版，第124页。

1962 年 1 月 6 日，郭沫若在广州读到了毛泽东的和诗，深受启发，觉得自己在诗中那样裁判唐僧是不妥当的。当天，他步毛泽东和诗的原韵，作诗一首：

> 赖有晴空霹雳雷，不教白骨聚成堆。
>
> 九天四海澄迷雾，八十一番弭大灾。
>
> 僧受折磨知悔恨，猪期振奋报涓埃。
>
> 金睛火眼无容赦，哪怕妖精亿度来。

毛泽东看了郭沫若这首诗后，致郭沫若信中说："和诗好，不要'千刀当剐唐僧肉'了。对中间派采取了统一战线政策，这就好了。"他又解释说："郭沫若原诗针对唐僧，应针对白骨精。唐僧是不觉悟的人，被欺骗了。我的诗是驳郭老的。"

参考资料：

① 郭沫若：《"玉宇澄清万里埃"》，《人民日报》1964 年 5 月 30 日。

读咏梅之作　写咏梅词

毛泽东在写和郭沫若七律诗之前七天，即 11 月 6 日上午，接连三次给秘书田家英写信，请他找咏梅的诗词。一次是上午六时，信中说："请找宋人林逋（和靖）的诗文集给我为盼，如能在本日下午找到，则更好。"林逋素有"梅妻鹤子"之说，咏梅名句"疏影横斜水清浅，暗香浮动月黄昏"，人所共知。毛泽东要读咏梅的作品，自然会首先想到他。田家英很快将林和靖的诗文集找到给了毛泽东，毛立即翻阅了其中与咏梅有关的诗。上午八时半，他又给田家英一信："有一首七言律诗，其中两句是：雪满山中高士卧，月明林下美人来，是咏梅的，请找出全诗八句给我，能于今日下午交来则更好，何时何人写的，记不起来，似是林逋的，但查林集中没有，请你再查一下。"

信转出之后，毛泽东仍搜索记忆，想想是"何时何人写的"。很快，他又追加一信："家英同志：又记起来，是否清人高士奇写的，前两句是：琼枝只合在瑶台，谁向江南处处栽。雪满山中高士卧，月明林下美人来。下四句忘记了，请问一下文史馆老先生便知。"末署时间是"六日八时"。这"八时"可能是"九时"笔误，因上一信署的时间是"八时半"。

就在这一天，毛泽东挥毫作书，写下了信中说的这首诗：

高启，字季迪，明朝最伟大的诗人。

《梅花》九首之一

琼枝只合在瑶台，谁向江南处处栽。

雪满山中高士卧，月明林下美人来。

寒依疏影萧萧竹，春掩残香漠漠苔。

自去何郎无好咏，东风愁寂几回开。

心情如此急切地追寻一首《梅花》诗，一定程度上缘于他对梅花的喜爱。他用过的地毯、笔筒、茶杯、烟灰缸、饭碗，均可见花色秀逸的梅花图案。景德镇为他特制的一套日常生活器皿，每件上均有梅花图案。上海宋庆龄故居的梅花地毯，亦系毛泽东所赠。大约就在这个时间前后的一些日子里，毛泽东较为集中地读了一些咏梅的诗词，其中便有陆游的那首颇有名的《卜算子·咏梅》：

驿外断桥边，寂寞开无主。已是黄昏独自愁，更著风和雨。　　无意苦争春，一任群芳妒。零落成泥碾作尘，只有香如故。

毛泽东读了陆游这首词，萌发了"反其意而用之"的创作构思，于十二月写出了著名的《卜算子·咏梅》：

风雨送春归，飞雪迎春到。已是悬崖百丈冰，犹有花枝俏。　　俏也不争春，只把春来报。待到山花烂漫时，她在丛中笑。

——《毛泽东诗词集》，中央文献出版社1996年版，第129页。

成词后不久，毛泽东在一封信中说："近作咏梅词一首，是反修正主义的，寄上请一阅。并送沫若一阅。外附陆游咏梅词一首。末尾的说明是我作的，我想是这样的。究竟此词何年所作，主题是什么，尚有待于考证。我不过望文生义说几句罢了。"

这里所说的"末尾的说明"，是指他自己于 12 月 27 日写在陆游咏梅词后的文字："作者北伐主张失败，皇帝不信任他，卖国分子打击他，自己陷于孤立，感到苍凉寂寞，因作此词。"他说这个"说明""不过望文生义说几句"，表明他的郑重与谦虚。其实，毛泽东对于陆游及其诗词是相当熟悉的，就在写这个"说明"之前两个多月即 10 月 16 日，还正在北京大学中文系读书的邵华向毛泽东谈学习宋词的情形，说她最喜爱陆游的诗词，并当即背诵了《关山月》、《书愤》、《诉衷情》、《夜游宫》、《示儿》等篇。背诵中，邵华略微停顿想下句时，毛泽东就给她提示一下。邵华背诵《夜游宫》到"睡觉寒灯里"一句，毛泽东立即指出她背错了一个字音，说此处的"觉"不能读"叫"，应该读"决"。他还应邵华的要求，乘兴挥毫，书写了《夜游宫·记梦寄师伯浑》给邵华。原词抄如下：

> 雪晓清笳乱起，梦游处不知何地，铁骑无声望似水。想关河：雁门西，青海际。　　睡觉寒灯里，漏声断，月斜窗纸。自许封侯在万里。有谁知，鬓虽残，心未死。

参考资料：

① 逢先知：《毛泽东和他的秘书田家英》，中央文献出版社1989 年版。

② 《建国以来毛泽东文稿》第十册，中央文献出版社 1990年版。

③ 东方骥：《落日余晖》，河北人民出版社 1989 年版。

新词书赠周恩来

1963 年 1 月 1 日，《光明日报》发表了郭沫若的一首词：

> 满江红　领袖颂
> ——一九六三年元旦抒怀
> 沧海横流，方显出，英雄本色。人六亿，加强团结，坚持原则。天垮下来擎得起，世披靡矣扶之直。听雄鸡，一唱遍寰中，东方白。　　太阳出，冰山滴。真金在，岂销铄。有雄文四卷，为民立极。桀犬吠尧堪笑止，泥牛入海无消息。迎东风，革命展红旗，乾坤赤。

郭沫若将这首词抄呈毛泽东审正。

毛泽东读了郭沫若的词后，诗情受到触发，灵感为之萌动。1 月 9 日晚，他在屋子里踱来踱去，口中低声吟哦，在"哼"诗了。一会儿，他坐下来写几句，不满意，把纸揉成一团，扔进纸篓；又站起来踱步，吟哦；再坐下去写……扔了大半纸篓废稿纸，写成《满江红·和郭沫若同志》：

> 小小寰球，有几个苍蝇碰壁。嗡嗡叫，几声凄厉，几声抽泣。蚂蚁缘槐夸大国，蚍蜉撼树谈何易。正西风落叶下长安，飞鸣镝。　　多少事，从来急；天地转，光阴迫。一万年

太久，只争朝夕。四海翻腾云水怒，五洲震荡风雷激。要扫除一切害人虫，全无敌。

——《毛泽东诗词集》，中央文献出版社 1996 年版，第 135—136 页。

词写成后，毛泽东第一个想到的是亲密的战友周恩来。他展纸濡墨，乘兴挥毫，飞龙走蛇般地书写了《满江红·和郭沫若同志》这首词，并题上"书赠恩来同志"几个醒目的大字，还附笔告诉周恩来："郭词见一月一日光明日报。"他用中式大信封将手书装好，写上"送交周总理"，派人送去。

毛泽东书赠周恩来的《满江红·和郭沫若同志》的手迹，一直由邓颖超珍藏着。毛泽东逝世后，邓颖超将这件凝结着两位领袖人物伟大友谊的珍贵的革命文物交给了党中央。

参考资料：

① 黎丁:《毛主席和〈东风〉》,《难忘的回忆》, 中国青年出版社 1985 年版。

尼克松讲话引《满江红》

1972 年 2 月 21 日，毛泽东在自己的书房里会见了来我国访问的美国总统尼克松，并进行了交谈。在谈话快结束时，尼克松说："主席先生，在结束的时候，我想说明我们知道你和总理邀请我们来这里是冒了很大风险的。这对我们来说也是很不容易作出的决定。但是，我们读过你的一些言论，知道你善于掌握时机，懂得'只争朝夕'。"

毛泽东听到翻译人员译出尼克松讲话引用自己诗词中的诗句，露出了笑容。

同一天晚上，在人民大会堂举行的国宴上，尼克松站起来回答周恩来总理的祝酒词，在结尾时引用毛泽东《满江红·和郭沫若同志》中的诗句："毛主席写过：'多少事，从来急；天地转，光阴迫。一万年太久，只争朝夕'。现在就是只争朝夕的时候了……"

参考资料：

① 陈敦德：《毛泽东尼克松在 1972》，中国文史出版社 2009年版。

特殊年代的生日诗

　　1962 年 2 月 22 日，苏共中央给中共中央信，信中给中国共产党戴上"反列宁主义"、"特殊立场"、"特殊路线"等帽子。1962 年四五月间，苏联在中国塔城和伊犁地区进行大规模的颠覆活动，制造了伊宁事件，引诱、胁迫 6 万多中国公民跑到苏联境内。8 月，苏联政府通知中国政府，苏联将与美国达成防止核扩散协议，显露出牺牲中国以换取同美国结成伙伴关系的险恶用心。同月，中印边境再次发生争端，赫鲁晓夫公然采取支持印度蚕食中国领土的立场，并从军备上给印军以支援。从 11 月起，苏联加大了攻击中国的力度，接连发表讲话和文章……

　　正是在这一特定的时代氛围中，毛泽东迎来了他 69 岁的生日。按中国的传统习俗，六十九即虚七十。"人生七十古来稀"，毛泽东年届古稀，仍然充满了战斗豪情。生日这天，他写了一首《七律·冬云》：

　　　　雪压冬云白絮飞，万花纷谢一时稀。
　　　　高天滚滚寒流急，大地微微暖气吹。
　　　　独有英雄驱虎豹，更无豪杰怕熊罴。
　　　　梅花欢喜漫天雪，冻死苍蝇未足奇。

　　　　——《毛泽东诗词集》，中央文献出版社 1996 年版，
　　　　第 133 页。

这首诗的主题，同《卜算子·咏梅》一样，是"反修"的。

参考资料：

　　① 《建国以来毛泽东文稿》第十册，中央文献出版社 1996 年版。

深情的悼念

1963 年 12 月 16 日，中央政治局常委正在开会的时候，传来了罗荣桓逝世的消息。毛泽东带头起立默哀，显得心情很沉重。一会，毛泽东说，罗荣桓是很有原则性的人，对敌狠，不背后议论人。还说，罗荣桓逝世了，一个人数十年如一日，忠于党的路线，很不容易啊。会议结束后，毛泽东和贺龙、聂荣臻到医院去向罗荣桓的遗体告别。

这之后的几天中，毛泽东讲话很少。《诗刊》曾想请毛泽东题几句词，以便和转载的毛泽东未发表过的诗词一同在 1964 年 1 月号刊出。中央办公厅的负责人回电话说："罗荣桓同志刚逝世，主席情绪不好，不愿意写字。"

有一天，毛泽东服了大量的安眠药仍睡不着，躺在床上写东西。已过半夜了，正在值班的护士长吴旭君来到毛泽东的卧室，摸了摸暖气片，看了看温度表，室内温度正合标准。这时，她看到毛泽东仍在写。她递给毛泽东一条热毛巾，在他擦脸时便问："写什么，怎么还没写完？"毛泽东说："在做诗啰！"到天亮后，毛泽东说："写完了，我不睡了，去游泳池。"

这一天，毛泽东在游泳池休息室办公。他靠在沙发上闭着眼睛不停地独自哼着诗句。开始几遍，吴旭君听不清，只听到什么"草上飞"，便问："草上飞，谁的诗句这么新鲜？"毛泽东没有回答，还在一遍又一遍反复吟着。

吴旭君又问："谁能在草上飞？"

毛泽东没有回答，但是叫吴旭君马上回丰泽园卧室去取他的诗稿。

诗稿取来后，毛泽东打开卷宗（专存诗稿的卷宗），取出了一首诗，叫吴旭君读给他听：

> 记得当年草上飞，红军队里每相违。
>
> 长征不是难堪日，战锦方为大问题。
>
> 斥鷃每闻欺大鸟，昆鸡长笑老鹰非。
>
> 君今不幸离人世，国有疑难可问谁？

——《毛泽东诗词集》，中央文献出版社1996年版，第140页。

当读到"国有疑难可问谁"这句时，吴旭君说："主席，您这么谦虚！"

毛泽东说："为人还是谦虚点好。"

吴旭君又问："是谁能使阁下这般钦佩？"

毛泽东从吴旭君手中接过诗稿，在稿纸上半截空白的地方写了个题目——《吊罗荣桓同志》。

参考资料：

① 吴旭君：《毛泽东两首诗词的写作时间及其他》，《光明日报》1986年9月28日。

一篇读罢头飞雪

　　1964 年春那段时间里，毛泽东办公之馀，全是看《史记》和范文澜的《中国通史简编》，并叫护士长吴旭君也读历史书。5 月 12 日，他在国家计委领导小组汇报工作时插话说："现在被书迷住了。我这一辈子想把《二十四史》读完。现在正在读南史、北史。《旧唐书》比《新唐书》好，《南史》、《北史》又比《旧唐书》好些。《晋书》挂名是李世民的，其中'制曰'是李世民的，其他不是。……《明史》我看了最生气。明朝除了明太祖、明成祖不识字的两个皇帝搞得比较好，明武宗、明英宗还稍好些以外，其馀的都不好，尽做坏事。"

　　毛泽东说要把《二十四史》读完，还真的读完了。

　　《二十四史》这部史书所载，包括我国从传说中黄帝时代起至明代崇祯十七年，长达 4000 年的历史。全书 3209 卷，800 多册，约 4000 万字。成书时间，从公元前二世纪汉武帝时开始，到乾隆时代止，长达一千九百多年，是一部史料极为丰富的历史巨著。1952 年，毛泽东购置了一部乾隆武英殿本的《二十四史》。他坚持读完了全书，其中的一些卷、册、篇，还读过不止一遍两遍，许多册的封面上和其他一些地方都翻破损了，许多书页上还留有他读时留下的种种痕迹：有点是作了标点、断句，有点加了着重线和各种不同的标记，有点写着批注，有点还改正了书中的错别字，表明他读得十分认真、仔细。

　　正是在这一背景下，毛泽东写下了《贺新郎·读史》一词：

人猿相揖别，只几个石头磨过，小儿时节。铜铁炉中翻火焰，为问何时猜得，不过几千寒热。人世难逢开口笑，上疆场彼此弯弓月。流遍了，郊原血。　　一篇读罢头飞雪，但记得斑斑点点，几行陈迹。五帝三皇神圣事，骗了无涯过客。有多少风流人物？盗跖庄蹻流誉后，更陈王奋起挥黄钺。歌未竟，东方白。

　　——《毛泽东诗词集》，中央文献出版社1996年版，第145—146页。

有一天，毛泽东在游泳池休息室办公后回到丰泽园，一进卧室门，就坐到办公桌前执笔写起来，一边写，一边吟。他叫吴旭君把卷宗（此卷宗内专存毛泽东的诗稿，由吴旭君专门保管）拿来给他。之后，吴旭君就忙着安排他吃饭的事去了。等到吴旭君再来时，毛泽东还坐在办公桌前。他指着一堆厚厚的写有字的纸叫吴旭君拿去烧。

"这是些什么？"吴旭君问。

"你看嘛！"

吴旭君就从上到下一页一页读起来，当读到"歌未竟，东方白"句子时，毛泽东说："那个'白'应该读'薄'。以后读多了，自己再学着写诗填词，你就懂了。"吴旭君继续读那些诗词，多是唐宋诗词。全部读完后，她对毛泽东说："您写的那几首，烧掉多可惜！"

毛泽东说："已经抄了一遍，也修改过了。"他还指着卷宗说："在里头呢。"

从1963年3月以后，直到1973年冬，毛泽东对全部诗稿重新看过数次，对有些诗词作过多次修改。每次修改都是吴旭君作记录，等到把推敲好的字句定下了之后，毛泽东再亲笔改到手稿上，然后叫吴旭君把修改记录烧毁。

《贺新郎·读史》上阕有一句，原稿是"为问何时猜得"，吴旭君在

抄第一遍时，专问过毛泽东是"为"还是"如"，毛泽东说是"如"不
是"为"。吴旭君请毛泽东在手稿上改一改，毛泽东说："不要改了，随
它去。"吴抄完第二遍时，又特地问毛泽东，是"如问何时猜得?"毛泽
东点点头。

《贺新郎·读史》下阕有一句，"盗跖庄蹻流誉后"，吴旭君在抄第
一遍和毛泽东核对时，毛泽东叫吴旭君在盗字上加引号，即成为"盗"。
吴请毛泽东在手稿上也改一下，毛泽东说："不要麻烦了，就这样。"

参考资料：

① 吴旭君:《毛泽东两首诗词的写作时间及其他》,《光明日
报》1986 年 9 月 28 日。

谈笑凯歌还

　　1965年5月21日，毛泽东从长沙启程，经株洲、醴陵、攸县，到达茶陵。第二天，由茶陵出发至永新，向井冈山方向驱车而去。行至龙源口，他下车，拿起望远镜环视这当年"打败江西两只'羊'"的地方，脸上露出微微的笑容。一会儿，汽车继续前进。毛泽东兴致勃勃，谈笑风生，拉开窗帘，观看路两旁的景色。汽车经三湾、古城至茅坪八角楼，这正是他当年率领秋收起义部队上井冈山的道路。八角楼坐落在茅坪村中，两层砖木结构，1927年10月至1929年1月，毛泽东多次在此楼居住。他对八角楼是有感情的，可他只是让汽车缓缓地绕楼转了一圈，透过车窗看了看，据说，他是怕惊动了当地的人民群众。

　　下午五时，车到黄洋界。毛泽东下车，神情愉悦，仔细观察了当年守哨红军营房后，健步登上黄洋界哨口。迎着微微山风，他纵目远眺，群峰奔涌，郁郁葱葱，白云袅袅，阵阵松涛，在镌刻着《西江月·井冈山》词的纪念碑前，和随行的陪同人员摄影留念。傍晚时分，驱车至已是华灯齐明的茨坪。

　　茨坪，井冈山的政治、经济、文化中心，茨坪宾馆，坐落在苍松翠竹掩映之中，环境清幽，空气清新，是夏天的理想休闲处。毛泽东住宾馆一层。他想在这里好好休息几天，自然也想看看井冈山地区的变化和一些曾生死与共的苏区人民群众。他住下后，确实休息得较好，但很少到宾馆范围以外的地方走走，这原因自然是怕惊动了群众，再来个武昌黄鹤楼和天津正阳春鸭子楼的场面。他让刘俊秀他们将他知道的还健在的几位老红军、老赤卫队员、老暴动队员，用车子接到茨坪宾馆来，同他们谈心，话家常，往日的斗争，目前的生活，井冈山的变化，家乡的建设，无所不谈，亲如家人。其中有袁文才、王佐的遗孀，她们见到毛泽东，非常感激。那些老人们，看到毛主席在宾馆睡的是硬板床，吃的是红米饭，便想起当年毛委员和他们吃一锅野菜的情形，有的老人情不自禁地唱起当年的歌谣：

> 红米饭，南瓜汤，挖野菜，也当粮，
> 毛委员和我们在一起，餐餐味道香。
>
> 干稻草，软又黄，金丝被，盖身上，
> 毛委员和我们在一起，心里暖洋洋。
>
> 穿草鞋，背土枪，反"围剿"，斗志旺，
> 毛委员和我们在一起，天天打胜仗。

陪同毛泽东上井冈山的人员，依毛泽东吩咐，分批在井冈山参观访问，如去五大哨口，黄洋界，井冈山烈士纪念碑，井冈山博物馆等处。

27日，小雨之后的五百里井冈山，茫茫绿海，云起云飞，湿润的微风拂面，空气里散逸着似有若无的清甜气味，沁人心脾。阳光初照，漫山遍岭生辉。毛泽东神情愉悦，轻松自在地在宾馆后山散步。一会儿，他拄着青竹杖，迈着稳健的步伐，向新盖在高处的楼房的山上走去。他登上山头，举起手中的青竹杖对身边的同志说，这东西是个好武器，平时可以帮助我们走路，反动派来了可以用它自卫，打击敌人。他大约想起了38年前，他拄着青竹竿、带着井冈山竹子编的斗笠，踏遍青山；他用井冈山楠竹劈的扁担，同朱德一道带领红军战士挑粮上山；井冈军民用青竹削成竹尖，埋在隘口小径处，将进犯的敌人戳得哭爹叫

娘。井冈山的竹子也为中国革命作出过贡献。

这天，毛泽东写下《水调歌头·重上井冈山》：

> 久有凌云志，重上井冈山。千里来寻故地，旧貌变新颜。到处莺歌燕舞，更有潺潺流水，高路入云端。过了黄洋界，险处不须看。 风雷动，旌旗奋，是人寰。三十八年过去，弹指一挥间。可上九天揽月，可下五洋捉鳖，谈笑凯歌还。世上无难事，只要肯登攀。

> ——《毛泽东诗词集》，中央文献出版社 1996 年版，第 149—150 页。

毛泽东这次在井冈山，还写了一首词《念奴娇·井冈山》：

> 参天万木，千百里，飞上南天奇岳。故地重来何所见，多了楼台亭阁。五井碑前，黄洋界上，车子飞如跃。江山如画，古代曾云海绿。 弹指三十八年，人间变了，似天渊翻覆。犹记当年烽火里，九死一生如昨。独有豪情，天际悬明月，风雷磅礴。一声鸡唱，万怪烟消云落。

> ——《毛泽东诗词集》，中央文献出版社 1996 年版，第 212—213 页。

5 月 29 日下午四时，毛泽东接见了数千名井冈山人民的代表，便离开了井冈山，经吉安至樟树镇，改乘专列，6 月 1 日，到了杭州，中旬回到北京。

参考资料

　　① 《汪东兴日记》中国社会科学出版社 1993 年版。

　　② 刘俊秀:《创业井冈,恩泽万代——回忆一九六五年毛主席重上井冈山》,《江西日报》1977 年 9 月 27 日。

　　③ 马社香:《前奏——毛泽东 1965 年重上井冈山》,当代中国出版社 2006 年版。

"压迫"写出词二首

　　毛泽东从井冈山回到中南海不久，一天，接见女外宾，邓颖超作为陪见人员参加了接见。谈话间，邓颖超问毛泽东是否写有新的诗词，并说："很久没有读到主席的新作品了，希望能读到主席的新作。"时隔三月，毛泽东给邓颖超送去了两首词：一首是《水调歌头·重上井冈山》，一首是前不久写的《念奴娇·鸟儿问答》。他还在书写这两首词的纸的上方，诙谐地写了几句话：

　　邓大姐：

　　　　自从你压迫我写诗以后，没有办法，只得从命，花了两夜未睡，写了两首词。改了几次，还未改好，现在送上请教。如有不妥，请予痛改为盼！

毛泽东

九月二十五日

　　邓颖超收到毛泽东送的两首词，非常高兴，十分珍视，作为最珍贵的纪念品收藏着。

　　兹将《念奴娇·鸟儿问答》抄如下：

　　　　鲲鹏展翅，九万里，翻动扶摇羊角。背负青天朝下看，都是人间城郭。炮火连天，弹痕遍地，吓倒蓬间雀。怎么得了，哎呀我要飞跃。　　借问君去何方，雀儿答道：有仙山琼阁。不见前年秋月朗，订了三家条约。还有吃的，土豆烧熟了，再加牛肉。不须放屁，试看天地翻覆。

> ——《毛泽东诗词集》，中央文献出版社 1996 年版，第 152—153 页。

　　周恩来同夫人邓颖超一样喜爱这两首词。1976 年元旦前夕，邓颖超给周恩来送来刊登了这两首词的刚刚出版的《诗刊》。此时周恩来的病情已很严重，邓颖超请秘书给他读这两首词，当朗诵到"不须放屁，试看天地翻覆"时，周恩来发出了爽朗的笑声。

　　元月 2 日凌晨五点多钟，周恩来用轻微而清晰的声音说："诗词。"身边的人马上领悟了他的意思，又给他读这两首词。读到《念奴娇·鸟儿问答》最后两句"不须放屁，试看天地翻覆"，周恩来再次高兴地笑了。这是医护人员听到的敬爱的周总理的最后一次笑声。

参考资料：

① 《毛泽东书信集》，人民出版社 1983 年版。

② 《中国妇女》1983 年第 12 期。

③ 《革命文物》1977 年第 2 期。

④ 《体育报》1977 年 1 月 14 日。

⑤ 《人民日报》1977 年 1 月 9 日。

为陈毅改诗

1964 年春，作为外交部长的陈毅陪同总理周恩来出访了亚非欧十四国。同年冬，陈毅又出访了亚非六国。访问归来，正逢第三届全国人民代表大会召开。会议间，毛泽东有一次问陈毅："最近怎么看不到你写的诗发表呢？"陈毅回答："一年来我走访了近二十个国家，随手写了十几篇诗，现在还没有定稿。等改好之后，我想呈送主席，请主席大笔斧正。行不行？"毛泽东听了，欣然应允。

陈毅将记叙出访的诗加工修改，于 1965 年春寄给毛泽东，因为怕过多占用毛泽东的时间，便只抄寄了写于六国之行的七首诗。这一年夏天，陈毅又陪周恩来访问北非，回国不久，即收到毛泽东 7 月 21 日的信。毛泽东在信中称赞陈毅的诗"大气磅礴"，并说："只给你改了一首，还很不满意，其馀不能改了。"毛泽东对陈毅的《六国之行》的第一首作了修改，并且加了标题：《西行》。诗如下：

> 万里西行急，乘风御太空。
> 不因鹏翼展，那得鸟途通。
> 海酿千钟酒，山裁万仞葱。
> 风雷驱大地，是处有亲朋。

——《毛泽东诗词集》，中央文献出版社 1996 年版，第 265 页。

陈毅之子陈昊苏说，这首诗的中间两联，"是毛主席的神来之笔"，整首诗是毛泽东与其父亲的"共同创作"，"在无产阶级诗歌史上留下了光辉的记录。"

参考资料：

① 张贻玖：《毛泽东和诗》，《诗刊》1987 年第 1 期。

② 陈昊苏：《春风春雨话当年》，《光明日报》1977 年 12 月 31 日。

为乔冠华改打油诗

毛泽东和周恩来亲手打开了中美关系的大门。一时间，中国的外交部非常活跃起来。1973 年 4 月，乔冠华在京同奉美国政府之命来华的助理国务卿詹金斯商谈在北京建立美国驻华联络处的问题，谈判进展很顺利。这期间，廖承志正率中日建交后的最大的代表团访问日本，而日本又正值八重樱盛开的时节。韩叙也恰好这时在华盛顿商谈中国驻美联络处的事情，他下榻的旅社名为"五月花"。面对着大好的外交形势，乔冠华很高兴，凑了几句打油诗："八重樱下廖公子，五月花中韩大哥，欢欢喜喜詹金斯……"他念给同志们听，并征求意见。有的说"喜上眉梢的乔老爷"，有的说"洋洋得意的乔老爷"，乔冠华说都不好，可自己一时也想不出满意的句子，就搁下了。

过了一天，毛泽东召集会议汇报中美谈判情况。大家谈外交形势，说到了乔冠华做诗，可惜只有三句。毛泽东听他们念了三句，来了诗兴，立即取前两句，续上了后两句。全诗是：

> 八重樱下廖公子，五月花中韩大哥。
> 莫道敝人功业小，北京卖报赚钱多。

原来"文化大革命"初期，外交部的"造反派"要乔冠华卖小报，乔每次交钱总多交一点。"造反派"讽刺说："你这个修正主义分子倒会卖报赚钱！"这段故事让毛泽东也知道了。他一时兴起，联想到这个故事，用乔冠华的语气，风趣地续成了一首诗。这一续实在妙得很，让带点顺口溜味道的打油诗一变而成为一首雅俗共赏的七言绝句。终因是大手笔，虽游戏文字，亦自不凡。

参考资料：

① 章含之：《风雨情·忆主席》，上海文艺出版社 1994 年版。

借杜诗　嘲林彪

1971 年 8 月 15 日，毛泽东离京南巡，武昌、长沙、南昌、杭州、上海，沿途找各地党政军负责同志谈话，于 9 月 12 日安全回到北京。林彪知道阴谋已经败露，急携儿子、老婆，仓皇乘飞机逃窜，13 日凌晨，摔死在蒙古国的温都尔汗。

10 月 27 日晚九时许，周恩来偕叶剑英、姬鹏飞、熊向晖、张文晋等到毛泽东住处汇报基辛格来华的有关事宜。毛泽东笑咪咪地问熊向晖：那个"副统帅"呢？那个"参谋总长"哪里去了？

熊向晖也笑着说：主席问我的时候，我确实不知道呀！

毛泽东打趣地说："你什么也没嗅出来，是不是伤风了，感冒了？"还幽默地说："我的'亲密战友'啊！多'亲密'啊！"接着吟诵了杜牧的七绝《赤壁》：

折戟沉沙铁未销，自将磨洗认前朝。

东风不与周郎便，铜雀春深锁二乔。

毛泽东接着说："三叉戟飞机摔在外蒙古，真是'折戟沉沙'呀。"

据周世钊日记，1972 年 10 月 2 日晚九时，毛泽东当时念了明代李攀龙的一首诗：

豫章西望彩云间，九派长江九叠山。

高卧不须窥石镜，秋风憔悴侍臣颜。

念毕，毛泽东说，如将"侍臣"二字改为"叛徒"，将此诗题为咏林彪是最恰当不过了。

"豫章"，指南昌；"九叠山"，庐山名胜之一，"石镜"在庐山上，可以照见人形。将"侍臣"二字改为"叛徒"，以咏在庐山会议上的林彪，实是十分恰当。

毛泽东谈兴正浓，又念了杜甫的《咏怀古迹五首》之三的前四句：

群山万壑赴荆门，生长明妃尚有村。

一去紫台连朔漠，独留青冢向黄昏。

毛泽东说："明妃"改为"林彪"。将杜诗这一改，真是巧合无痕，妙不可言。林彪出生在黄冈的一个山村里，那里山虽不大，但也群峰逶迤。改写后的诗的前两句写林彪出生之处很恰当。诗的后两句写林彪叛逃，惊慌离开北京，乘机飞向朔漠，摔死在蒙古的沙丘之地，留下一堆荒冢，孤零零地向着日落后的黄昏，显出叛徒的悲凉下场，真是再好不过了。现将改诗抄如下：

群山万壑赴荆门，生长林彪尚有村。

一去紫台连朔漠，独留青冢向黄昏。

参考资料：

① 熊向晖：《历史的注脚——回忆毛泽东、周恩来及四老帅》，中共中央党校出版社 1995 年版。

② 周彦瑜、吴美朝：《毛泽东与周世钊》，吉林人民出版社 1993 年版。

责任编辑：赵圣涛

封面设计：吴燕妮

图书在版编目（CIP）数据

毛泽东诗词佳话／刘汉民著 . –北京：人民出版社，2013.10（2023.9 重印）

ISBN 978 – 7 – 01 – 012679 – 1

I. ①毛…　Ⅱ. ①刘…　Ⅲ. ①毛泽东诗词 – 鉴赏　Ⅳ. ① A841.4

中国版本图书馆 CIP 数据核字（2013）第 236957 号

毛泽东诗词佳话
MAOZEDONG SHICI JIAHUA

刘汉民　著

人 民 出 版 社 出版发行
（100706　北京市东城区隆福寺街 99 号）

北京盛通印刷股份有限公司印刷　新华书店经销

2013 年 10 月第 1 版　2023 年 9 月北京第 2 次印刷
开本：710 毫米 × 1000 毫米 1/16　印张：14.5
字数：240 千字

ISBN 978 – 7 – 01 – 012679 – 1　定价：69.00 元

邮购地址 100706　北京市东城区隆福寺街 99 号
人民东方图书销售中心　电话（010）65250042　65289539